한국
경제

톡톡톡

한국경제 톡톡톡

이동근의 칼럼으로 짚어본 우리 경제 고민과 해법

소담출판사

책을 내며

"소녀시대의 성공요인을 경제학적 관점에서 재미있게 풀어내셨더군요. 앞으로도 좋은 글 기대하겠습니다."

2010년 11월, 모 경제신문에 '소녀시대 경제학'이란 제목으로 기고한 글이 흥미로웠던지 한 증권사 직원이 메일을 보내왔다. 지면에 칼럼이 실릴 때마다 지인이나 회사원, 교사 등 다양한 독자로부터 격려 메시지를 받곤 한다. 지난해 연말 한 모임에서 지인이 "그동안 냈던 칼럼을 묶어 책으로 내보라"고 부추겼다. 기업인과 공무원, 학생들에게 경제현안에 대한 경제계의 입장과 시각을 알릴 수 있고, 또 급변하는 경제환경에 대처할 수 있는 지혜의 단초를 줄 수도 있지 않겠냐는 게 그의 설명이었다.

돌이켜보면 30여년간의 경제관료 생활을 마치고 2010년 2월 대한상의 상근부회장을 맡은 이후 나라 안팎 경제상황은 그야말로 소용돌이 속이었다. 글로벌 금융위기의 여파가 가시지 않은 가운데 유럽 재정위기, 한미 FTA, 청년실업문제, 총선·대선을 거치며 야기된 경제민주화와 성장과 복지 논란까지 굵직한 현안들이 숨 가쁘게 이어졌다. 이에 따라 경제계의 목소리를 대변해야 하는 위치에 있으면서 지난 3년간 각종 언론매체에 기고한 칼럼이 근 100편이 넘었다. 그렇지만 애당초 책을 내기 위해 글을 쓴 게 아니어서 칼럼집 발간을 권유받고는 고민하지 않을 수 없었다. 특히 글쓰기를 업(業)으로 하지도 않거니와 학자적인 통찰력이나 전문성을 갖추지 못했기에 대부분의 칼럼이 졸문임을 알기 때문이다.

하지만 내 개인의 소사가 아니라 동시대를 살아가면서 한국경제의 앞날을 걱정하는 많은 기업인들의 의견을 반영해 기고한 칼럼이기에 책으로 엮어도 나름대로 의미가 있을 것이라 판단했다. 또 경제나 경영학 전문가가 아니라 기업의 입장에서 한국경제를 진단한 칼럼이 많지 않은 현실에 용기를 내기로 했다. 글을 새로 쓰는 것도 아니고 이미 게재된 칼럼이기에 구슬을 실에 꿰듯 잘 엮기만 하면 되는 쉬운 작업일 거라는 생각도 들었다. 그러나 큰 오산이었다. 역동적인 한국경제의 다양한 현안을 일목요연하게 묶는 것이 쉽지 않았다. 한 칼럼에 여러 주제가 섞여 있다 보니 주제별로 분류하고 소제목을 다는 일도 힘든 노동이었다. 예전 글을 정리하면서 이미 해결된 현안도 있었고, 내용이 기업의 시각에 너무 편향되었다는 지적을 받을 수 있는 글도 보였다. 그러나 내용의 옳고 그름을 떠나 당시의 상식적이고 평균적인 기업의 시각을 그대로 보여주는 것이 비슷한 현안이 생겼을 때 해법을 찾는 데 도움이 될 것 같아 그대로 싣기로 했다.

최근 세계경제의 불확실성이 증대되고 각국의 보호주의가 심화되고 있는 현실에서 우리 경제는 수출과 내수 모두 어려운 실정이며, 이를 해결하기 위해 경제활성화와 일자리 창출, 양극화 해소, 복지확대 등에 관한 대책수립이 시급하다. 장기적으로도 잠재성장율 저하, 저출산 고령화의 심화, 미래 먹거리산업의 부재 등 해결해야 할 과제가 산적해 있다. 분명한 것은 이러한 한국경제의 난제를 해결하는 첫걸음은 정부, 업계, 이익단체, 근로자, 국민들 상호간에 허심탄회한 '톡톡(talk talk)'이 되어야 한다는 점이다. 이것이 칼럼집의 이름을 '톡톡톡'이라 붙인 이유다. 이 책이 한국경제의 고민과 해법을 찾는 데 다소나마 도움이 되기를 기대한다.

2013년 3월

뻥 뚫린 대한민국 경제를 기원하며
사통팔달 남대문에서   이 동 근

세종대왕이 인사팀장이라면

짚신 장수, 고무신 장사

날씨시장 찾은 워런 버핏

글로벌 생존법 '뚝배기 경제'

18홀에 담긴 인생

세종대왕이 인사팀장이라면

"세종은 인사의 달인이었다. 그는 신분의 귀천이나 문벌의 우열을 따지지 않았다. 심지어 과거의 행적도 묻지 않고 역량 있는 인재를 구했다"

세종이 관노 출신 장영실 중용한 까닭

　최근 톡톡 튀는 이색적인 방법으로 인재를 채용하는 기업이 늘고 있다. 한 백화점은 TV 서바이벌 프로그램을 통해 신입직원을 선발하고 있다. 온라인 게임존을 만들어 입사 지원자의 긴장을 풀어주는 회사가 있는가 하면 채용과정에서 맥주파티를 여는 기업도 있다. 지원자가 역량을 최대한 발휘할 수 있게 하는 한편, 기업입장에서는 자신의 기업문화에 맞는 인재를 찾을 수 있다는 점에서 긍정적인 현상이다.

　일본에는 독특하다 못해 시트콤에나 나올 법한 엽기적인 방법으로 인재를 선발하는 기업이 있다. 한 컴퓨터 부품회사는 목소리가 큰 사람을 뽑는다. 큰 소리로 말하는 사람은 자신감이 있고 실수했을 때 반성이 빠르다는 이유에서다. 또 오징어와 같이 씹기 어려운 음식을 차려놓고 밥을 빨리 먹는 사람을 뽑기도 했다. 이런 사람이 빠릿빠릿하며 일처리가 똑 부러진다는 것이다. 화장실 청소를 시키기도 했는데 남들이 싫어하는 일도 서슴없이 하는 열정을 보기 위해서라고 한다. 별난 채용방법의 결과는 좋았다. 이런 과정을 거처 선발된 인재들이 컴퓨터 하드웨어용 모터 부문에서 이 회사를 세계 1위에 올려놓았다.

'채용이 곧 전부다'라는 말이 있다. 제대로 된 인재가 회사에 들어오면 모든 일이 잘 풀린다. 하지만 '천 길 물속은 알아도 한 길 사람 속은 모른다'는 속담처럼 인재를 제대로 알아보기는 정말 어려운 일이다. 오죽하면 면접을 볼 때 관상가까지 동원하는 기업이 있겠는가. 이 때문에 지원자가 자신을 나타낼 말과 행동을 제한된 시간 내에 가능한 한 많이 하도록 만들어야 한다. 별난 채용방법이 속속 생겨나는 까닭도 여기에 있다.

이처럼 다양한 채용방법을 활용하고 있는 기업이 늘고 있지만 구태의연한 채용기준을 버리지 못하는 기업도 여전히 많아 안타깝다. 얼마 전 한 취업포털이 발표한 바에 의하면 서류전형을 할 때 출신 대학을 고려하는 기업이 43%나 되었다고 한다. 상위권 대학과 하위권 대학 출신을 달리 취급하는 기업도 41%였다. 좋은 대학을 졸업한 사람이 일을 잘할 거라는 막연한 기대감 때문이라고 한다.

지원자의 역량과 자질을 제대로 살피지 않고 학벌만 보면 엉뚱한 사람을 뽑을 수 있다. 이렇게 한번 잘못 뽑은 직원은 직장의 동료, 상사는 물론 고객에게까지 지속적으로 피해를 주게 된다. 기업 전체가 멍들게 되는 것이다. 사과상자 안에 썩은 사과 하나만 있어도 나머지가 쉽게 썩는 것과 같은 이치다. 게다가 일단 채용한 직원은 아무리 마음에 안 들어도 해고하기가 사실상 불가능하다. 우리 노동법이 정규직의 고용을 엄격하게 보호하고 있기 때문이다. 결국 기업이 처음부터 옥석을 정확하게 가려 직원을 채용할 수밖에 없다.

별반 차이가 없어 보이는 지원자 중 우수한 사람을 뽑는 방법은 무엇일까. 최근 드라마를 통해 똥지게까지 져가며 성군의 모습을 보이고 있는 세종대왕이 참고가 될 듯하다. 세종은 인사의 달인이었다. 그는 신분의 귀천이나 문벌의 우열을 따지지 않았다. 심지어 과거의 행적도 묻지 않고 역량 있는 인재를 구했다. 황희는 서얼 출신에다 과거 세종의 세자 책봉에 반대까지 한 인물이지만 세종이 가장 신임하는 재상이 되어 18년이나 영의정으로 재임했다. 장영실은 중국계 귀화인의 후손이자 관노 출신이었지만 중용되어 조선의 과학기술 수준을 높였다. 최윤덕은 국방에서 뛰어난 업적을 인정받아 무관이었지만 재상에까지 등용되었다.

세종은 당시 많은 선비가 내실을 기하기보다 자신을 드러내기 좋아하는 모습을 보고 겸손과 실력을 겸비한 인재가 될 것을 요구했다. 화려한 스펙 쌓기와 같은 겉치레에만 치중하고 인성을 갖추지 못한 자를 경계한 것이다. 또 과거시험만으로는 적합한 인재를 찾을 수 없다는 것을 간파하고 관료들에게 인재를 천거토록 했다. 채용의 길을 다양화해 숨은 인재를 발굴한 것이다.

간택(揀擇) · 평론(評論) · 중의(衆議)로 이어지는 3단계의 인사 시스템도 구축했다. 간택 단계에서는 공직후보자의 경력과 자질, 부패혐의 등을 철저히 살폈다. 이어 평론 단계에서는 내부 관원들의 평가를 종합 정리했고, 마지막으로 중의 단계에서 오늘날의 인사청문회를 열어 여론을 들어보고 나서야 인재를 등용했다. 찬란

한 세종시대는 이렇게 선발된 인재들에 의해 만들어졌다.

기업의 성장과 쇠퇴는 결국 기업 내부의 인재에 의해 결정된다. 기업은 학벌이나 스펙이 아니라 능력과 인성 · 열정을 잘 살펴 인재를 채용해야 한다. 세종이 등용했던 수많은 인재에 의해 당시 조선이 문화를 꽃피우고 태평성대를 구가했듯이, 그런 인재 채용이야말로 기업이 지속적으로 발전할 수 있는 길이기 때문이다.

노마지지(老馬之智)의 의미를 되새기자

'노마지지(老馬之智)'란 말이 있다. 춘추시대, 길을 잃고 진퇴양난에 처한 제나라 군대를 구한 늙은 말을 일컫는 고사성어로, 연륜이 깊으면 나름의 장점과 특기가 있다는 의미다. 새삼 이 고사성어를 떠올리는 이유는 고령화시대를 살아가는 지혜를 옛 성인의 철학에서 찾기 위해서다.

우리나라가 2000년대 초반에 고령화사회로 접어들었다는 것은 주지의 사실이다. 그리고 2018년에 고령사회를 거쳐 2026년에는 65세 이상 인구가 전체의 20%를 상회하는 초고령사회에 도달할 것으로 예상되고 있다. 그런데 우리나라의 고령사회 진입을 앞두고 우려되는 부분이 있다. 고령인력(55세 이상 64세 이하, OECD 기준)은 증가 일변도에 있는데, 고령인력에 대한 일자리는 늘지 않고 있다는 점이다.

실제로 우리나라 고령인력의 실업률은 2002년도 1.7% 이후 매년 꾸준히 증가해 2010년 현재 2.9%에 이르고 있지만, 실망실업자가 포함되지 않았기 때문에 실제 실업률은 이를 훨씬 상회할 것으로 보인다.

또 '썰물은퇴'로 불리는 베이비붐 세대 714만 명의 대량은퇴가 본격화될 경우 고령인력 실업률은 좀 더 심각한 수준에 이를 것으로 전망돼 숙련노동력 감소, 자산시장 수급불균형 심화 등 경제성장의 탄력성 둔화로 귀결될 소지도 있다.

일본의 경우 1947년부터 1949년 사이에 태어난 베이비붐 세대(단카이ㆍ團塊) 664만 명의 퇴직이 2012년부터 본격화될 조짐을 보이자 정년연장과 기업에 대한 고령자 재고용 유도를 정책적으로 추진하고 있다. 특히 단기적인 숙련인력 부족 문제와 장기적인 노동인력 감소 문제를 해결하기 위해 정부 주도하에 단카이 세대와 지방 공업고등학교를 연결, 각 지방에 필요한 기능인력을 양성하는 사업을 전개하고 있다.

우리나라도 고령인력 실업률 증가 등의 문제를 해결하기 위해 임금피크제와 정년연장 등에 대한 논의가 활발히 진행되는 상황이다. 임금피크제에 대해서는 대체로 긍정적인 반응이다. 다만 대한상의 조사에 따르면 직장인들은 20% 미만의 임금삭감(79.8%)과 4~5년 이내의 정년연장(55%)을 선호하고 있어 이 제도의 연착륙이 가능한지는 지켜볼 일이다.

그러나 정년연장의 경우 기업의 인건비 부담 가중, 인사적체, 신규채용 감소에 따른 청년실업 심화 등 더욱 심각한 부작용을 내포하고 있어 제도시행에 신중을 기해야 한다. 제도개선이나 도입을 통한 고령인력 실업률 해소방안은 단기적으로는 긍정적으로 작용할 수 있겠지만 문제 해결을 위한 보다 근본적인 접근 방법은 고령인력에 적합한 일자리 창출에 있다고 본다.

이런 점에서 대한상의와 교육과학기술부가 지난 3월부터 추진하고 있는 '산업체 우수강사 채용 지원사업'은 의미가 있다. 이 사업은 산업현장 근무 경력이 풍부한 기업체 퇴직자에게 특성화고와 마이스터고 강단에 설 기회를 제공해 우수한 산업현장 기술 전수와 학생들의 취업 경쟁력 강화를 주요 골자로 한다.

6월 현재 전국 94개 특성화고 및 마이스터고에 각 분야 기능장 등 116명이 강사로 채용돼 산업현장의 숙련기술과 취업 노하우 등을 후배들에게 전수하고 있다. 그러나 사업이 진행되면서 풀어야 할 숙제도 생겼다. 바로 고령인력에 대한 부정적 인식이다. 강사 채용자 116명 중 55세 이상의 고령인력은 21%에 불과하고 60세 이상은 한 명도 채용되지 않았다는 점이 이를 뒷받침한다.

우리나라의 고령사회 진입 속도는 점점 더 빨라지고 있다. 고령인력에 대한 사회적 시각을 바꾸고 고령인력 스스로의 취업 의지를 제고하기 위해 노마지지의 의미를 반추해야 할 시점이 아닌가 한다.

청년실업 해법,
노동시장 유연성부터

경기가 회복세를 보이고 있지만 청년실업 문제는 좀처럼 해결되지 않고 있다. 한 연구소의 분석에 의하면 젊은이 4명 중 1명은 사실상 실업상태에 있다고 한다.

청년실업률이 높은 것은 비단 우리나라만의 문제는 아니다. 주요국을 봐도 청년실업률은 대체로 일반실업률보다 두 배 정도 높다. 젊은이들이 학업을 마치고 사회에 첫발을 들여놓을 때 원하는 직장을 찾고 필요한 자격을 갖추려면 어느 정도 시간이 걸릴 수밖에 없기 때문이다.

취업이 어려워진 가장 큰 원인은 외환위기를 분수령으로 우리경제가 저성장시대로 접어들었기 때문이다.

기업들 또한 당시 혹독한 구조조정을 거치면서 보수적이고 사람을 덜 쓰는 쪽으로 경영방식을 변경했다. 결국 청년실업 문제를 근본적으로 해결하려면 우리경제의 성장률을 크게 높이는 수밖에 없다. 기업들의 적극적인 투자와 이를 통한 일자리 창출이 강조될 수밖에 없는 이유다.

미시적으로는 일자리 미스매치 문제가 해결되어야 한다. 대기업이 고용하는 인원은 취업자의 10% 남짓에 불과하기 때문에 모두가 대기업에 들어갈 수는 없는 노릇이다. 반면 중소기업은 작년 하반기 기준으로 15만 명 넘게 일할 사람을 구하지 못했다고 한다.

젊은이들이 중소기업으로 눈을 돌려야 할 필요가 여기에 있다. 정부에서도 유망하고 우수한 중소기업을 발굴하여 소개하고 고용서비스를 더욱 강화해야 한다.

이와 함께 수요와 괴리된 고학력현상을 개선하는 등 학교교육도 노동시장에 맞게 변화시켜야 한다. 이런 과제는 중장기적으로 추진될 수밖에 없다.

당장 젊은이들에게 일자리가 돌아가게 하려면 이들의 노동시장 진입을 막고 있는 걸림돌을 찾아 없애야 한다. 바로 노동시장에서 지나치게 많은 혜택을 누리고 있는 대기업 정규직 노조의 문제다.

대기업 정규직은 노조의 힘을 바탕으로 높은 임금과 고용안정을 모두 누리고 있다. 대기업ㆍ유노조ㆍ정규직이라는 삼박자를 모두 갖춘 근로자는 그와 정반대인 중소기업ㆍ무노조ㆍ비정규직 근로자보다 무려 3.6배나 많은 임금을 받고 있다.

일단 대기업의 정규직 근로자가 되면 해고당할 걱정없이 해가 갈수록 임금이 많아지므로 근속기간도 매우 길다. 일부 대기업은 직원들의 평균 근속연수가 20년 가까이 되어 고령화로 인한 생산성 저하를 우려할 정도다. 우리나라 근로자의 평균 근속연수 6년과도 큰 차이가 난다.

지금 노동시장에서는 청년실업 문제뿐만 아니라 해결해야 할 과제가 여럿 있다. 고령화사회에 대비하여 중장년층의 취업기회를 확대해야 하고 주요국 최저수준인 여성의 경제활동 참가율도 높여야 한다.

이런 문제를 해결하려면 무엇보다 노동시장의 공정성이 확보되어야 한다. 그 핵심은 대기업 정규직이 가지고 있는 프리미엄을 합리적으로 조정하는 데 있다.

근로자는 자신의 신분이나 근속연수가 아니라 직무와 성과에 따라 임금을 지급받아야 한다. 고용보호의 수준도 기업경영과 조화되는 선에서 이루어져야 한다.

안타깝게도 지금 우리의 노동법제나 현실은 이미 노동시장에 진입해 있는 기득권을 가진 이들을 과보호하고 있다. 이 잘못된 구조가 깨어지지 않으면 더 많은 일자리 창출이 어려울 수밖에 없다.

이제는 노동시장이 유연성과 안정성 사이에서 적절한 균형점을 찾아가야 할 때다. 그래야만 젊은이들에게 일할 기회를 더 많이 줄 수 있다.

내 아이가 대기업에 취직할 확률

덕수궁 미술관에서 '한국 리얼리즘 사진의 선구자'로 불리는 임응식 사진전이 열리고 있다. 지난 연말 짬을 내서 이 사진전을 둘러봤다. 그의 사진은 일제 강점기부터 시작해 한국전쟁을 거쳐 1990년대 명동에 이르기까지 다양한 풍경과 인물을 묘사하고 있다.

사진전을 보며 그가 남긴 '기록의 예술'에 빠져드는 사이 여러 언론에도 소개된 '구직(求職)'이라는 제목의 사진에 눈길이 갔다. 1953년 작품으로 벙거지를 푹 눌러쓴 젊은이가 한자로 '구직(求職)'이라 쓰인 푯말을 목에 걸고 도심 거리 한편에 기대선 모습을 담고 있다. 전쟁 후 민초들의 고단하고 남루했던 삶을 가슴 아프게 느끼게 한다.

어느 때, 어느 곳을 막론하고 일자리는 삶의 기초적 조건이다. 그뿐만 아니라 경제의 기초적 조건이기도 하다. 일자리가 있어야 소비가 늘어 내수경제에 활력이 생긴다. 반대로 일자리가 부족하면 사회 안전망 부담이 늘어 일자리가 있는 이들조차 허리띠를 더 졸라매야 하고, 결국 소비가 줄어 경기가 얼어붙는 악순환에 빠질 우려가 있다. 요즘 정부가 무엇보다 일자리에 신경을 부쩍 쓰는 것도 바로 이런 이유에서다.

그런데 한 가지, 지금 우리에게 정말 일자리가 절대적으로 부족한 것일까. 얼마 전 고용노동부가 발표한 바에 의하면 지난해 하반기 기준으로 5인 이상 기업에 빈 일자리만 12만5000개가 된다고 한다. 게다가 한국에는 약 50만 명의 외국인 근로자와 17만 명의 외국인 불법체류자가 들어와 있다. 이들이 한국에서 일하게 된 연유는 '일자리가 비어서'다. 한쪽에선 일자리가 없다고 아우성인데 다른 쪽에선 일손을 구하려 안간힘을 쓰는 게 우리의 현실인 것이다.

사실 지금 우리에게 일자리가 절대적으로 부족한 것은 아니다. 그럼에도 일자리가 부족하다는 소리가 나오는 이유는 따로 있다. 대기업이나 공기업 같은 번듯한 일자리만 고집하는 풍토 때문이다. 이번 기회에 필자는 부모 세대와 청년들에게 불편하지만 알아야 할 진실을 이야기하고자 한다.

우리나라에서 교육개혁을 하기 어려운 가장 큰 이유는 학부모가 '내 아이만은 명문대에 갈 것'이라 믿기 때문이라고 한다. 마찬가지로 부모들은 취업을 할 때도 내 자식만큼은 대기업에 들어가리라 기대한다. 그렇다면 대학 졸업생이 대기업에 입사할 가능성은 얼마나 될까. 요즘 전문대를 포함해 한 해 대학을 나오는 젊은이가 54만 명가량 된다. 그러나 이들 중 대기업에 정규직으로 입사할 수 있는 사람은 불과 4만 명을 넘지 못한다. 비율로는 7.4%, 대략 대학 졸업자 10명 중 8~9명은 대기업에 입사할 수 없다는 의

미다.

　범위를 더 넓혀 대기업에 공무원·공기업·교사·의사·법조인 등 소위 '갖고 싶은 일자리'를 모두 더한다 해도 매년 신규 수요는 10만 개를 넘지 못한다. 한 해 대학 졸업생 다섯 명 가운데 네 명이 다른 곳에서 일자리를 찾아야 한다는 뜻이다. 취업을 앞둔 청년이나 그 부모가 대기업만을 고집하는 것이 과연 현명한 일인지, 아니 실현 가능하기는 한 것인지 냉정하게 따져볼 대목이다.

　그렇다면 이런 일자리에 가지 못하는 젊은이에게 희망이 없는가. 결코 그렇지 않다. 예를 들어보자. 현재 우리나라의 최상위 100대 기업 중 41개는 10년 전에, 그리고 73개는 30년 전에 100위권 밖이었거나 아예 존재조차 하지 않았던 기업이다. 이는 기업의 수명이 그만큼 짧고 빨리 변화할 뿐만 아니라 한때의 승자가 영원한 승자가 아님을 보여준다.

　그렇다면 젊은이들이여, 대기업이 아닐지라도 과감하게 도전해 볼 수 있지 않은가. 지금 우리나라에는 젊은이의 도전정신과 창의력을 기다리는 수많은 중소기업이 있다. 그중에는 대기업 못지않은 대우를 해주는 곳도 많다. 이런 업체에 들어가 청년의 열정과 노력으로 중소기업을 키우고 미래의 승자가 되는 것이 대기업에 안주하는 것보다 훨씬 보람 있고 가치 있는 일이 아닐까. 기성세대가 맨 땅에서 오늘의 대한민국을 만들었듯이 젊은세대가 중소기업 현장으로 달려가고 기업가 정신을 발휘해 우리나라를 한 단계 더 업그레이드해 주었으면 한다.

　영국의 극작가 버나드 쇼는 "젊음은 젊은이에게 주기에는 너무

아깝다"고 했다. 필경 도전하려는 자세 없이 축 처져 있는 젊은이들을 질타한 얘기일 것이다. 취업난에 어깨가 처져 있는 청년들이여, 그대들의 젊음을 무기로 임진년에는 부디 '끝없이 갈망하고 바보처럼 도전하기를(stay hungry, stay foolish)' 기대한다.

영리병원과 일자리 창출

최근 몇 년 새 음식점이나 커피전문점, 편의점 등 소규모 창업이 크게 늘고 있다. 창업이 활성화되는 것은 좋지만 좁은 시장을 놓고 업체가 난립하고 있어 걱정이다. 실제로 우리나라 자영업자의 비중은 전체 취업자의 31.3%에 달해 미국(7.0%)이나 일본(13.0%)은 물론 경제협력개발기구(OECD) 평균(15.8%)보다 훨씬 높다. 경쟁이 치열하고 수익은 낮다 보니 몇 년 버티지 못하고 실패해 빈곤층으로 전락하는 사례도 적지 않다.

그런데 자영업 창업이 급증하는 데에는 두 가지 요인이 있는 것 같다. 무엇보다 산업구조가 노동집약형에서 지식집약형으로 고도화돼 제조업 부문에서 예전처럼 많은 인력이 필요하지 않게 되었다. 넓던 취업문이 바짝 좁아진 것이다. 다른 하나로는 우리 사회가 비제조업 분야에서 양질의 일자리를 충분히 만들어내지 못하고 있는 점을 들 수 있다. 제조업 일자리 부족 현상은 일찍이 선진국도 경험했던 일로 그들은 교육과 의료 등 고부가 서비스산업의 발전을 꾀함으로써 이 문제에 대응했다. 반면 우리는 어떤가? 교육이나 의료행위는 공익서비스라는 인식 때문에 영리법인 설립을 금지하는 등 규제는 많고 투자는 부족하다. 의료산업이 어엿한 산업으로 발전하지 못한 채 매년 6000만 달러의 서비스 수지적자를 낳고 있는 한 이유이다.

교육산업은 논외로 하더라도 의료산업만큼은 제대로 육성할 필요가 있다. 의료산업은 고령화시대를 맞아 성장가능성이 높고 양질의 일자리가 다수 창출될 수 있는 유망산업이다. 미국의 경우 보건의료산업은 국내총생산(GDP) 대비 비중이 16%에 달할 정도로 매우 발전해 있다. 우리의 경우 3.2% 수준이니 그만큼 성장의 여지가 크다고 할 수 있다. 전문기관들은 영리의료법인이 허용되면 투자가 늘면서 24조 원의 부가가치와 21만 명의 고용이 창출될 수 있을 것으로 분석하고 있다.

최근 의료관광 목적으로 한국을 방문하는 외국인 방문객이 늘고 있고 그 숫자도 8만 명에 육박하고 있다. 그러나 700만 명에 달하는 전 세계 의료관광객 중에서 태국이 156만 명, 싱가포르가 72만 명을 유치하고 있는 점을 감안하면 사뭇 부끄러운 수준이다. 얼마 전 사회주의 국가인 중국에서 한 민간그룹이 병상 3000개 규모의 병원과 20층짜리 호텔로 이뤄진 복합의료단지를 열었다는 언론보도 역시 우리가 의료관광 경쟁에서 얼마나 뒤처지고 있는지 보여준다.

의료분야의 고객 불편을 해소하고 새로운 의료수요에 적극 부응할 수 있도록 의료산업에 대한 투자를 촉진하는 것이 시급하다. 현재 병원법인 설립을 비영리법인으로 한정해 자본조달이나 회사채 발행이 원천봉쇄되고 있는데, 영리병원 설립을 허용해 외부에서 투자자금을 조달할 수 있게 해줘야 한다.

　물론 영리병원이 허용되면 부자들은 우대받고 가난한 이들은 의료 서비스를 받기가 더 힘들어지는 것이 아니냐는 불안감이 있을 수 있다. 동네 개인병원의 존립이 더 힘들어질 수도 있을 것이다. 따라서 영리병원의 전면적인 허용에 앞서 건강보험 체계를 비롯한 의료시스템 전반에 걸친 사전점검을 하고 보완대책을 마련하는 것이 중요한 과제일 것이다.

　다만 영리병원 허용 문제는 이미 10년을 끌고 있는 사안으로서 부작용을 들어 자꾸 미루는 것도 능사는 아니라고 생각한다. 정부도 부작용이 없을 것으로 예상되는 제주도와 송도경제자유구역에 국한해 허용할 방침이고 관련 법안은 국회에 각각 계류돼 있다. 제한적으로 실험해보자는 취지로 영리병원 허용의 효과와 부작용을 점검할 수 있고 외국인 의료관광 유치와 선진 의료기술 도입, 의료서비스 적자완화 등의 효과도 기대되는 다목적 포석인 셈이다. 아무쪼록 올해에는 관련 법안이 입법되어 우리 의료산업에 성장의 계기가 마련되고 사회적으로 많은 일자리가 만들어지기를 희망한다.

'잃어버린 세대'에게 태양이 떠오르게 하려면

재정위기가 지속되고 있는 유럽은 최근 청년실업이 심각한 사회문제가 되고 있다. 유럽연합(EU) 통계청에 따르면 지난 8월 기준 유로존 17개국의 청년실업률이 22.6%에 이른다.

스페인에서는 한 달에 1000유로(약 144만 원)의 빠듯한 소득으로 사는 젊은이를 '밀레우리스타(Milleurista)'라고 하며 이마저 벌지 못하는 사람은 '밀레우리스타조차도 아니다'라는 뜻의 '니밀레우리스타(Nimilleurista)'라고 부른다. 그리스에서도 '592유로 세대'라는 신조어가 생겼으며 이는 최저임금을 받는 20대 젊은이의 삶을 그린 시트콤 제목에서 유래했다.

이처럼 수많은 유럽의 젊은이가 일자리도 희망도 없는 '잃어버린 세대(Lost Generation)'로 전락했다. 사실 묘하게도 이 말은 EU에 앞서 노벨상을 받은 어니스트 헤밍웨이의 소설에서 유래한다. 헤밍웨이의 1926년작 '태양은 다시 떠오른다'의 첫 부분에 "당신들은 모두 잃어버린 세대입니다"라는 말이 인용된 것이다. 이 소설은 1차 세계대전 후 삶의 좌표를 잃고 무의미하게 살아가는 젊은이들의 삶에 대해 얘기한다.

지금 유럽에서 일자리를 찾지 못해 좌절하거나 형편이 나은 이웃 나라, 심지어 옛 식민지 국가로 일자리를 찾아 떠나는 젊은이들은 헤밍웨이가 소설 속에서 그린 잃어버린 세대의 데자뷰라고 하겠다.

우리나라의 경우 청년실업률이 7% 내외지만 실제 일하고 있는 청년은 40% 정도에 그치고 있다. 이 때문에 대선을 앞둔 각 후보 진영에서는 최근 장밋빛 청년 일자리 공약을 내놓고 있다. 그중에는 대기업에 청년 의무고용 비율을 할당하는 대책까지 포함돼 있다. 얼마나 절실하면 이런 방안까지 나올까 싶으면서도 최소한 시장경제의 기본은 지켜줬으면 하는 생각이 든다.

시장경제 체제에서 현실을 외면해서는 올바른 대책이 나올 수 없다. 비정규직 보호라는 이상을 좇았던 비정규직법도 최근 실패로 입증됐다. 정부가 시행효과를 추적 조사해봤더니 같은 직장에서 명시적으로 정규직이 된 비정규직 근로자는 5%도 되지 않았던 것이다. 오히려 상당수 비정규직은 사용기간 제한 때문에 계속 일하고 싶어도 해고되는 역효과가 컸다.

청년 의무고용제 역시 부작용이 뻔히 보이는 대책이다. 기업이 항상 성장하는 것은 아니기 때문에 매년 일정 인원을 채용할 수는 없다. 이를 강요하면 형편이 어려운 기업은 기존 직원을 내보낼 수밖에 없다. 아랫돌 빼서 윗돌 괴는 격이다.

청년실업의 가장 확실한 해법은 중소기업에 있다. 지금 청년들에게 외면받고 있지만 중소기업은 일자리의 보고다. 유럽에서도 청년실업률이 낮은 독일, 네덜란드 등은 젊은이들이 중소기업 취업을 기피하지 않는다. 오히려 중소기업에 가면 많이 배울 수 있고 성취감을 느낄 수 있다고 생각하기 때문이다. 이들이 이렇게 인식하는 바탕에는 대기업과 중소기업의 임금 차이가 크지 않다는 점도 중요하게 작용한다.

우리나라에서도 유능한 청년들이 중소기업에 가도록 하려면 대기업의 64%에 불과한 중소기업의 임금 수준이 높아져야 한다. 이는 중소기업 스스로의 노력이 필요한 일이지만 대기업이나 금융기관의 지나친 고임금도 자제돼야 한다. 대중소기업 간 상생협력을 더욱 긴밀하게 해 안정성과 성장성을 갖춘 중소기업이 많이 나와야 함은 물론이다.

최근 대기업이 중소기업 인력을 채용하면 중소기업에 이적료를 지급하자는 논의가 있었다. 흥미로운 발상이지만 중소기업을 영원한 약자로 보는 시각에서 비롯된 게 아닌가 한다. 내일이 오늘과 다른 날이어야 하듯 우리 중소기업의 내일도 오늘과 달라져야 한다. 그리하여 내일은 중소기업이 '잃어버린 세대'인 우리 청년들을 밝혀주는 태양이 되기를 기대한다.

수요자 중심 직업교육이 고용확대 지름길

올 초 국내 스마트폰 이용자가 1000만 명을 돌파했다고 한다. 그야말로 스마트폰이 대세다. 이처럼 스마트폰이 성공시대를 구가하고 있는 것은 철저하게 수요자의 입장에서 제품을 만들어낸 까닭이다. 똑같은 소프트웨어와 하드웨어로 만들어진 스마트폰이라도 사용자의 성향이나 기호에 따라 MP3 플레이어, 모바일뱅킹, 게임기, 네비게이션 등 다양한 쓰임새를 가질 수 있다는 것은 수요자 입장에서 상당히 매력적이다.

그렇다면 스마트폰이 대세라는 표현보다 수요자 중심이 대세라는 표현이 더 정확하다. 실제 우리 주변의 모든 제품과 서비스들은 수요자 중심의 트렌드에 초점을 맞추고 있다.

하지만 여전히 공급자 중심으로 운영되고 있는 분야가 있다. 직업능력개발 분야가 그렇다. 2010년도 고용노동백서에 따르면, 국내 직업능력개발 훈련기관 6611개소 중 수요자인 기업이 자체적으로 운영하는 기관은 1615개소로 전체의 24.4%에 불과하다.

최근 10년간 직업능력개발 훈련을 받은 사람은 2001년 182만

4000명에서 2010년 463만9000명으로 양적인 측면에서 크게 증가했다. 그런데 정작 인력의 최종 수요자인 기업은 산업현장 기능인력 부족 문제를 지속적으로 제기하고 있다.

즉 기능인력 공급이 부족한 탓이 아니라 수요자인 기업 입맛에 맞는 기능인력 공급이 이루어지지 못하고 있다는 의미다.

실제로 국내 중소제조업 및 지식기반서비스업체의 35.9%가 직무능력을 갖춘 기능인력을 찾지 못해 채용에 어려움을 겪고 있다는 중소기업청의 조사내용은 이에 대한 방증이다.

기술선진국인 영국의 경우, 기능인력 부족 문제 해소를 위해 2000년대 초반 산업숙련위원회(SSC)를 설립해 산업별 수요예측, 직업기준개발, 훈련과정개발 등 기업이 요구하는 수준의 숙련인력을 양성·공급하고 있다. 또 캐나다는 1990년대 후반부터 산업별 인적자원위원회(SC)를 결성하여 산업별 훈련수요분석 및 훈련실시, 훈련정책개발을 추진하는 등 기업이 원하는 기능인력을 확충하고 있다.

영국의 산업숙련위원회와 캐나다의 인적자원위원회는 산업현장 수요에 적합한 기능인력 공급은 산업특수적인 성격을 갖고 있기 때문에 사업주단체 등 산업수준에서 훈련을 실시하는 것이 가장 효과적이라는 점에 기초하고 있다.

우리나라도 2003년부터 캐나다와 호주의 사례를 벤치마킹하여 정부와 산업계가 참여하는 산업별 인적자원개발협의체(SC)를 설립하여 운영하고 있지만 수요자인 기업이 원활한 인력수급을 체감하기에는 좀 더 시간이 걸릴 것으로 보인다.

이런 상황에서 최근 사업주단체, 기업 등 기능인력 수요자를 중심으로 추진되고 있는 '사업주단체 공동훈련(Employer Association)'이라는 새로운 직업능력개발 훈련 모델이 주목을 받고 있다.

사업주단체, 기업 등이 참여하는 지역공동훈련위원회를 통하여 기능인력의 수요를 파악하고 해당 산업에 대한 맞춤형 과정을 개설하여 기능인력을 양성하는 수요자 중심의 직업훈련 시스템이다.

고무적인 것은 기업과 훈련기관이 연계하여 기능인력의 수요와 공급을 조절하는 기능을 수행함으로써 훈련생들의 취업과 기업의 인력수급에 대한 고민을 일거에 해소시킬 수 있다는 점이다.

2009년도에 실시된 시범사업에서 200명의 기능인력 양성과 5200명에 대한 직무능력 향상훈련의 성공적 추진은 이 훈련 시스템의 제도적 정착 가능성을 기대케 한다.

하지만 이 공동훈련이 제 기능을 다하기 위해서는 정부의 다각적 지원과 적극적인 참여가 필요하다. 가령, 훈련수료생을 고용하는 일정규모 이하의 중소기업에 대한 고용유지지원금 지원, 유사훈련 시스템과의 통합운영, 현장인건비 지원 등의 방안이 검토돼야 할 것이다.

수요자 중심의 마인드는 거스를 수 없는 대세다. 이제 첫걸음을 내딛는 사업주단체 공동훈련이지만 곧 고용확대를 위한 '직업능력개발 훈련의 종결자'로 자리매김할 것이라 조심스레 기대한다.

다양 · 전문성이 함께 필요한 시대

미국의 미래학자 해리 덴트는 호주 서커스단인 서커스 오즈(Circus Oz)를 보고 미래 인재의 모습을 그렸다고 한다. 서커스 오즈는 환상적인 서커스 묘기에 에피소드적인 재미를 가미시킨 것으로 유명한 극단이다.

덴트는 서커스 오즈의 무엇을 보고 미래 인재의 모습을 그린 것일까. 이 극단은 상하이 서커스단과 같은 놀라운 기예와 익살스러운 프랑스 마임을 특기로 한다. 하지만 덴트가 주목한 부분은 이것이 아니다. 족히 50명은 필요해 보이는 공연을 3분의 1도 되지 않는 15명의 단원만으로 완벽하게 해내는 그들의 다예다재(多藝多才)함에 덴트는 주목한 것이다.

서커스를 보러 오는 관객은 아이에서 어른까지 각양각색이며 저마다 다른 취향을 가지고 있다. 이렇듯 다양한 관객의 요구를 만족시키기 위해서는 다채로운 퍼포먼스와 함께 순간순간 청중의 반응에 맞춰 즉흥연기까지 소화할 수 있는 재능과 연기력을 모두 갖춰야 한다. 고난도 묘기를 실수 없이 선보임으로써 관객들의 탄성을 자아내게 하는 숙련도는 당연히 전제된다. 서커스 오즈는 여섯 종류의 현악기를 연주하는 단원, 다양한 곡예와 묘기를 펼치는 단원, 무슨 건반악기든지 다룰 줄 아는 단원 등 만능선수들로 구성되어 있다. 덴트는 바로 이들이 지닌 다기능적 전문성을 미래 인재가 갖춰야 할 소양으로 떠올린 것이다.

미래학자들에 의하면 정보기술(IT)의 발달로 단순반복적인 업무는 컴퓨터가 대신하게 돼 고도의 전문성이 요구되는 업무일지라도 앞으로 사람이 하는 일은 20% 정도에 지나지 않게 된다고 한다. 이제 사람의 역할은 창의적 영역에 집중될 것이며 미래형 인재는 서커스 오즈의 단원처럼 다기능적 전문성을 갖춰야 할 것이다. 과거 대량생산시대에 창안된 테일러나 포드 시스템에서와 같이 한 가지 기능에 국한된 전문성으로는 고객과 외부환경의 변화에 기민하게 대응할 수 없기 때문이다.

다방면에서 전문적인 지식이 쌓이면 통섭(統攝)이 이뤄진다. 즉 다양한 지식이 융합돼 시너지가 발휘되면서 창의성이 배가되고 고객을 향한 새로운 가치가 창출되는 것이다.

고대 그리스의 역사가 크세노폰은 '오이코노미코스'에서 "한 사람이 모든 것을 다 잘하는 것은 불가능하다"고 말하며 분업을 설명했다. 그러나 이 말은 그가 살았던 시대만큼이나 오래된 얘기가 되고 있다. 지금 시대는 다양하고 전문적인 역량을 갖춘 인재, 즉 스페셜라이즈드 제너럴리스트(Specialized generalist)가 필요하다. 이공계통 전공자이더라도 인문학적 소양을 갖춘 인재로 키우기 위해 우리 교육이 바뀌어야 하는 것도 바로 이 때문이다.

'공짜임금' 억지 버려라

최근 노동계의 움직임이 긴박하다. 노동조합 및 노동관계조정법(노조법)을 다시 개정하라며 투쟁 강도를 높이고 있기 때문이다. 여기에 호응해 야당은 조만간 노조법 재개정안을 발의할 계획이라 한다. 4·27 재보선 때처럼 내년 총선·대선에서도 노동계가 지지해주길 바라기 때문이리라.

노동계 주장의 핵심은 두 가지다. 타임오프(근로시간면제)를 폐지하고 노조전임자 임금을 노사자율로 지급하라는 것과 복수노조에서 교섭창구 단일화를 폐지하고 자율교섭을 보장하라는 것이다. 타임오프와 창구단일화는 2010년 초 개정된 노조법에 의해 새로 도입됐다. 이 중 타임오프는 지난해 7월부터 시행되고 있고 복수노조와 창구단일화는 오는 7월부터 시행될 예정이다. 노동계 요구대로라면 두 제도 중 하나는 태어난 지 얼마 되지 않아 사라질 위기에 처했고 다른 하나는 출산예정일을 받아놓고 태어나지 못하게 된다.

노동계는 타임오프가 "노조활동 전반을 크게 위축시키고 노사관

계를 갈등으로 몰아가고 있다"며 비판한다. 또 교섭창구 단일화가
"교섭권을 봉쇄하는 것은 명백히 위헌"이라고 주장하고 있다. 과연
이들 제도가 노동계 주장처럼 문제가 있을까. 전임자 임금과 복수
노조 문제는 노사간 첨예한 입장 차이로 13년간 해결하지 못한 장
기 미제사건이었다. 이를 풀고자 2009년 노·사·정 간 치열한 논
의와 협상이 있었고 마침내 노·사·정 합의로 타임오프와 창구단
일화가 해법으로 도입된 것이다. 이런 경위를 잘 아는 노동계가 이
제 와서 재개정을 요구하는 것은 난센스다.

타임오프가 노동계 주장처럼 노조활동을 위축시키고 있는가? 사
용자로부터 공짜임금을 받는 노조전임자가 줄어든 것을 의미한다
면 그럴지 모른다. 그러나 타임오프는 전임자 임금은 노조 스스로
부담해야 한다는 당연한 상식으로 돌아가자는 제도다. 만일 노조
원이 노조활동 위축을 바라지 않는다면 스스로 조합비를 더 내서
전임자를 두면 될 일이다. 타임오프를 탓하는 것은 사용자로부터
공짜임금을 받던 잘못된 옛날로 돌아가자는 떼쓰기에 다름 아니
다. 타임오프가 노사관계를 갈등으로 몰아가고 있는가? 노조가 타
임오프를 법대로 지킨다면 노사갈등이 발생할 까닭이 없다. 한쪽
이 법을 어기려 하니 법을 지키려는 기업이나 정부와 갈등이 일어
나는 게 당연하다.

교섭창구 단일화가 단체교섭권을 봉쇄하는 위헌적 제도일까? 노
조법은 사용자와 교섭할 노조창구를 하나로 모으도록 하고 있다.
복수노조의 폐해를 줄이자는 취지에서다. 사용자가 여러 노조와
각각 교섭해야 한다면 일년 내내 협상테이블에 앉아 있어야 하기

때문이다. 더구나 우리 법으로는 근로자 두 명만 모여도 노조를 만들 수 있다. 법에는 한편으로 소수노조가 교섭에 참여할 수 있는 길도 열어 놓았다. 소수노조가 교섭권을 행사하지 못하는 경우는 사용자가 아니라 다수노조로부터 버림받은 때다.

창구단일화는 우리나라에만 있는 생뚱맞은 제도가 아니다. 미국 영국 캐나다 등 복수노조를 허용하는 선진국에서 오래 전부터 시행하고 있다. 타임오프가 노사관계를 갈등으로 몰고 있다는 노동계 주장이 무색하게도 현장에서는 이 제도가 평화롭게 정착되고 있다. 이미 86%의 기업에서 타임오프 도입에 합의했고 99%가 법정 한도를 준수하고 있다. 노조법 재개정은 명분이 없을 뿐더러 현장과도 동떨어진 요구임을 보여주는 대목이다.

타임오프와 창구단일화가 노사 모두에게 흡족하지 않을 수 있다. 그러나 이 제도를 도입함으로써 전임자 임금과 복수노조라는 해묵은 난제를 풀 수 있었다. 또 우리나라 노사관계가 합리적인 방향으로 한걸음 내딛게도 되었다. 이제는 노·사·정이 함께 제도 정착에 더욱 노력할 때다. 노동계와 정치권이 역사의 수레바퀴를 되돌리는 우를 범하지 말기 바란다.

제2 강덕수를 꿈꾸는 자
'파랑새'는 되지 마라

요즘 기업의 상반기 공채가 한창이다. 얼마 전 치러진 총선 와중에도 대기업의 합격자 발표가 있는 날에는 'ㅇㅇ기업 채용'이란 단어가 포털 사이트의 실시간 검색어 상위권에 오르곤 했다. 젊은이들이 총선과 같은 정치적 이슈보다 취업을 더욱 민감하고 중요한 일로 받아들이고 있음을 짐작하게 한다.

하지만 낙타가 바늘구멍 통과하는 것보다 어렵다는 대기업 취업에 성공하고도 스스로 퇴사하는 젊은이가 꽤 많다고 한다. 최근 중앙일보는 국내 10대 기업의 신입사원이 일년 안에 그만두는 비율이 9%에 이른다고 보도했다. 3년 내 퇴사하는 비율이 20%를 넘는다는 기업도 있었다. 내로라하는 국내 대기업의 실정이 이러하니 그보다 못한 기업들은 오죽하겠는가.

한 조사에 의하면 우리나라 직장인들은 평균 4.1회 이직한다고 한다. 자신의 적성이나 꿈을 찾아 이직하는 사람들이 없지 않겠으나 직장생활을 멀리 내다보지 않고 당장 눈에 보이는 조건만 따져 이직하는 것은 한번쯤 생각해볼 필요가 있다. '직(職)테크'가 전문성을 키워 몸값을 높인다는 의미가 아니라 이직을 통해 몸값을 올리는 것으로 여기는 사람도 많다고 한다.

신입사원의 조기 퇴사나 직원의 잦은 이직은 기업의 인력 운용에 차질을 빚고 조직 분위기를 해칠 뿐만 아니라 금전적 손실도 가져온다. 지난해 대한상공회의소가 조사해보니 대기업이 신입사원 한 명을 뽑으려면 채용 과정에서 평균 189만 원, 교육·연수에 375만 원을 쓰고 있었다. 이렇게 적지 않은 돈을 들여 뽑은 직원이 금방 사직하면 그 비용은 허공으로 사라지고 만다. 미국경영자협회 조사에서도 직원 한 명이 이직할 때 회사가 보는 경제적 손실이 직무와 직급에 따라 이직한 직원 연봉의 50~250%에 이른다고 한다.

신세대 직장인들이 조기 이직하는 현상을 한 연구소는 '파랑새 증후군' 때문이라고 분석했다. 새로운 이상만을 동경하는 동화 '파랑새'의 주인공처럼 현재보다 더 좋은 곳이 있을 것이라는 막연한 기대감으로 끊임없이 새로운 직장을 탐색한다는 것이다. 파랑새 증후군은 입사한 지 일년 미만 직원의 65%가 겪고 있을 만큼 20대 직장인들을 중심으로 널리 퍼져 있다고 한다.

여기에 높은 스펙을 갖춘 입사자들의 '셀프홀릭(Self-holic) 증후군'까지 겹쳐 조기 퇴사 현상을 심화시킨다. 이 증후군에 빠진 이들은 스스로의 능력을 과대평가해 자신의 능력에 비해 현재 하는 일의 수준이 떨어진다고 생각한다. 이런 생각은 직무에 대한 불만을 쌓이게 하고 결국 이직을 결심하게 만든다.

잡히지 않는 파랑새만을 좇거나 셀프홀릭에 빠져 현재가 의미 없다고 여기는 직원들의 미래는 과연 밝을까. 성공한 기업인의 스토리를 보면 결코 그렇지 않아 보인다. 이들은 모두 자신이 지금 하고 있는 일을 가치 있게 생각하고 최선을 다했으며 그 일을 바탕으로 새로운 미래를 개척했다.

예를 들어 보자. STX그룹 강덕수 회장은 회사원으로 20여 년 일했지만 한 번도 자신을 월급쟁이로 생각한 적이 없다고 한다. 그런 마음가짐을 바탕으로 여러 분야에서 뛰어난 능력을 발휘했고, 재무담당 임원 시절 조선업의 미래가치를 발견한 후 기회가 왔을 때 과감히 투자해 마침내 회사의 진짜 주인이 될 수 있었다. 외환위기 때 퇴출위기에까지 몰렸던 그 회사는 이제 재계 순위 17위의 그룹으로 도약했다.

BBQ라는 치킨 브랜드로 유명한 윤홍근 제너시스 회장 역시 샐러리맨 출신이다. 회사에서 승승장구하던 그가 닭고기사업 부문에 발령받았을 때 그곳은 판매량이 뚝 떨어져 있고 미수금만 잔뜩 쌓인 상태였다고 한다. 그러나 그는 절박함과 오기로 위기에 처한 사업을 회생시켰을 뿐만 아니라 그 경험을 바탕으로 닭고기시장의 가능성을 읽고 자신의 사업을 시작하게 된다. BBQ는 지금 국내뿐 아니라 세계 56개국에 가맹점을 거느린 프랜차이즈 기업으로 성장했다.

어떤 허풍쟁이가 여행을 다녀온 뒤 "나는 로도스 섬에 있을 때 올림픽 승자보다 멀리 뛰었지. 내 말을 못 믿겠거든 거기 사람들에게 물어보게"라고 떠벌렸다. 이를 듣던 사람 중 한 명이 "자네 말이 정말이라면 증인은 필요 없네. 여기가 로도스라 생각하고 여기서 뛰어 보게"라고 일갈했다. 이솝우화에 나오는 이야기다. 지금의 자리에서 능력을 보여주지 못하면서 말만 앞세우는 사람들이 새겨들어야 할 교훈이다. 비록 자신이 꿈꿨던 이상과 다른 현실에 처해 있을지라도 지금 여기가 로도스라 생각하고 최선을 다하는 자세가 중요하다. 그것이 자신의 가치를 높이고 새로운 기회의 문을 열어 성공이라는 열매를 맺게 하는 길이기 때문이다.

'한땀 한땀' 장인 키우기

1960~70년대 국제기능올림픽에서 우승하고 돌아온 선수단은 개선장군이었다. 서울 도심에서 시민들의 열렬한 환영 속에 카퍼레이드를 하던 모습을 중장년 세대는 생생히 기억할 것이다. 실로 한국은 국제기능올림픽에서 열여섯 번이나 종합우승한 최대 강국이다.

하지만 기능 강국의 이름을 떨친 이들과 기능올림픽에 대한 대접과 관심은 예전만 못하다. 실제로 기능인력과 이공계 홀대는 심각한 수준에 이르렀다. 10년 전만 해도 74만 명에 달하던 전문계고 학생 수는 46만 명으로 38% 가까이 급감한 데 반해 인문계고 학생은 150만 명으로 13% 늘었다.

이러한 우리나라 기능인력층의 구조적 붕괴현상을 막기 위해 정부가 올 초 마이스터(Meister)고교와 특성화고교 지원을 위한 '학업·취업 병행 직업교육체제 구축방안'을 내놓았다. 만시지탄이 있지만 다행스런 일이다. 다만 이 제도의 표본이 된 독일 마이스터 제도의 요체와 정신을 깨달아야 제대로 된 정책이 가능하다고 본다.

독일에서 마이스터가 되려면 만 16세부터 산업체 기반의 기술고교와 직업학교를 다녀야 한다. 여기서 2년간 조수실습과 3년간 도제식 전문과정을 거친 뒤 소정의 시험에 통과하면 전문기능인이 된다. 이후 1년간 이론과 실무교육을 받고 국가시험에 합격해야 한다.

마이스터는 현장 작업자들과 엔지니어의 중개자 역할을 하며 경영감각까지 갖춘 창조적 기술자가 된다. 독일 국민들도 마이스터란 지위를 높이 평가하고, 화이트칼라 직업군에 못지않은 존경과 부를 쌓을 수 있다.

올 초 정부가 내놓은 정책은 산업계 참여 유도를 위해 대한상공회의소와 정부가 직업교육강화추진단을 공동 설립해 산업계 주도 아래 직업교육을 관리하는 것을 주요 골자로 삼았다.

마이스터고 졸업생이 기술 분야 최고 명예인 기술명장이 돼 능력에 걸맞은 대우를 받는다면 대학입시 위주의 우리나라 교육은 근본부터 바뀔 수 있다. 비싼 사교육비와 등록금을 들여가며 받아도 제대로 써먹기 힘든 대학 졸업장보다 졸업과 동시에 적절한 일자리가 보장되는 마이스터고는 사회의 새로운 역할모델이 될 수 있으리라 기대한다.

이를 위해 제도적 보완이 필요하다. 먼저 고졸 기능인력 채용수요를 데이터베이스화하는 등 마이스터고의 교육과 산업현장의 채용을 더욱 긴밀히 연계해야 한다. 마이스터고 졸업생 등 기능인력 채용기업에 대한 세제혜택도 필요하다. 공기업 등 공공기관에서 신입사원의 일정비율을 마이스터고와 특성화고 졸업자로 채우는 채용목표제도 신중히 검토해야 한다. 마이스터고, 특성화고 졸업생에 대한 능력인증과 자격제도를 마련해야 함은 물론이다.

얼마 전 한 드라마에서 '이태리 장인이 한땀 한땀 수놓은 트레이닝복'이라는 말이 화제가 됐다. '대한민국 장인'이라는 한마디면 명품이 되는 그날을 기대해본다.

이공계 기피증, 교육기부가 해답

얼마 전 뉴욕타임스는 일본사회에 '리케이 바나레(理系離れ, Rikei Banare)'라는 신조어가 등장했다고 보도했다. 말 그대로 번역하면 '이공계 떠나기'라는 이 단어는 젊은이들이 엔지니어와 기술직종을 외면하고 있는 세태를 통틀어 일컫는 말이다. 전문가들은 1990년대 초부터 대두된 이러한 현상이 일본의 산업발전과 국가경쟁력의 발목을 잡았다고 분석하기도 했다.

그런데 이러한 이공계 기피 현상이 남의 나라 이야기만은 아닌 듯하다. 어느새 우리도 심각한 사회문제로 자리잡아가고 있다. 실제로 지난 수년간 대학수학능력시험 응시자 중 자연계 응시자 비율은 30% 수준에 불과한 실정으로 조사되고 있다.

또한 최근의 초등학생 장래희망 조사를 보면 과학자가 되겠다는 어린이들은 100명 중 한명에 그칠 정도다. '너 커서 뭐 될래?'라는 물음에 1순위로 과학자를 꼽던 70~80년대에 비하면 우려감 마저 든다.

사실 과학기술의 토대 없이 국가경제를 발전시키고 글로벌 경쟁력을 갖추어나가는 것은 불가능하다. 따라서 장래 과학기술을 이끌어갈 창의적이고 혁신적인 인재를 양성하는 것은 매우 시급하고도 중요한 문제다. 그렇기 때문에 더 많은 우수 인재들이 이공계에 흥미를 가지고 공부할 수 있도록 유도하고, 다양한 체험을 통해 개성과 창의력을 발휘할 수 있는 교육 여건을 만들어 줄 필요가 있는 것이다.

일찍이 과학기술 인재의 중요성을 인식한 선진국들은 '교육기부'라는 프로그램을 통해 학생들의 창의력을 길러주고 있다. 기업이나 연구소의 설비와 기술을 학생들이 마음껏 체험하고 공부할 수 있도록 해주는 것이다. 대표적으로 미항공우주국(NASA)은 우주항공기술, 우주탐사 등에 관한 다양한 체험교육 프로그램과 캠프 등을 운영하고 있으며, 인터넷 홈페이지를 통해 학생과 교사들에게 학습자료, 수업자료, 플래시 등을 제공하고 있다.

도요타(TOYOTA)의 '과학 아웃리치 프로그램(Science Outreach Program)'도 좋은 사례다. 도요타는 물리, 전자, 항공 분야의 다양하고도 독특한 프로그램을 개발하여 학생 및 교사들과 함께 체험 위주의 학습을 진행함으로써 학생들로 하여금 수학과 과학에 대해 흥미를 가지도록 유도하고 있다.

최근 우리나라에도 교육기부의 바람이 서서히 불고 있다. 얼마 전 한국항공우주산업(KAI)은 '어비에이션 캠프(Aviation Camp)'를 만들어 초·중·고 교사들이 항공우주분야의 지식과 기술을 체험할 수 있도록 연수프로그램을 운영하기 시작했다. 연수에 참가한 교사들은 학교에서 현장의 경험과 지식을 살려 학생들에게 보다 효과적인 교육을 할 수 있어 만족도가 매우 높다고 전하고 있다.

지난 8월에는 기업의 자발적인 교육기부를 공교육 내 창의적 체험학습과 연계하고 더 많은 기업의 참여를 유도하기 위해 대한상공회의소와 한국과학창의재단이 교육기부 운동 협약을 시작했다.

기업의 교육기부가 공교육과 연계된다면 생산현장의 고가설비와 뛰어난 기술을 통한 창의적 체험교육이 가능해지기 때문에 공교육의 질을 높임과 동시에 교과과정에 대한 학생들의 관심도 높일 수 있다.

기업 입장에서는 교육기부라는 새로운 형태의 사회공헌을 통해 학생과 학부모에게 기업에 대한 이미지를 제고시키는 동시에 장래 인재개발과 유치에도 긍정적인 효과를 기대할 수 있을 것이다.

21세기 한국의 미래는 국가경쟁력을 좌우할 IT, NT, BT와 같은 첨단산업 분야에서 얼마나 많은 창의적 인재를 확보하는가에 따라 결정된다고 해도 과언이 아니다.

이런 면에서 기업의 생산 및 연구현장이야 말로 이공계 교육에 가장 적합한 체험학습장인 셈이다.

교육기부는 적은 비용으로 상당한 성과를 거둘 수 있는 효율적인 사회공헌활동 중 하나다. 앞으로 더 많은 한국기업들이 교육기부에 동참해 과학기술 강국의 초석을 다져주길 기대해 본다.

유리천장 뚫어라

"가장 높고 단단한 유리천장을 깨진 못했지만 1800만 개의 금을 가게 만들었다."

지난 2008년 미국 민주당의 대통령 후보 경선에서 아쉽게 패배한 후 힐러리 클린턴이 한 말이다. 힐러리는 미국 역사상 최초로 여성 대통령에 도전했으나 1800만 표를 얻고도 버락 오바마 돌풍에 꺾였다. 자유와 평등을 기치로 신세계를 개척한 미국에서도 여성은 지금까지 마이너리티의 지위를 완전히 벗어나지 못하고 있다. 스탠더드앤드푸어스(S&P) 500지수에 속한 미국의 대표 기업 가운데 여성 CEO를 보유한 기업은 고작 17개에 불과하다. 최근 야후와 뱅크오브아메리카에서 여성 고위경영자가 해고되면서 유리천장 논란이 다시 불거지기도 했다.

한국의 사정도 크게 다르지 않다. 과거의 남존여비 악습이나 남아선호 의식은 거의 사라졌다. 대부분의 부모가 딸에게 차별 없이 고등교육을 시키고 있다. 사회의 각 분야에서 여성은 남성과 별 차이 없이 첫걸음을 내딛고 있다. 그러나 처음 몇 걸음이 지난 후부터 여성에게는 여전히 넘기 힘든 장벽이 있음을 부인하기 어렵다. 세계경제포럼은 2010년 우리나라의 성(性) 격차가 134개국 중 104위라고 발표했다.

통계 수치도 유리천장의 존재를 증명하고 있다. 여성 국회의원의 비율은 15%에 그치고 있고 고위직 여성 공무원은 3%에도 미치지 못한다. 여성 대법관과 여성 헌법재판관은 각각 한 명에 불과하다. 민간 기업도 비슷하다. 지난해 말 기준으로 직원 수가 1000명이 넘는 대기업에서 여성 임원이 차지하는 비율은 4.7%에 그쳤다.

우리나라는 경제활동을 하고 있는 여성도 많지 않다. 여성의 경제활동 참가율은 54.5%로 OECD 평균 65.8%에 한참 뒤진다. 저출산·고령화 시대에 노동력 부족 사태에 대비하고 지속적인 성장을 이뤄나가기 위해서는 여성인력을 적극 활용해야 한다.

여성이 사회에 활발히 진출하고 리더로 성장하도록 돕기 위해서는 정부와 기업 모두의 노력이 필요하다. 성별이 아니라 능력에 따라 자리가 주어져야 한다. 여성이 일과 육아를 성공적으로 병행할 수 있도록 사회적 기반과 조직 문화가 업그레이드돼야 한다.

얼마 전 이건희 삼성 회장이 '여성 임원도 사장까지 해야 한다'고 발언해 화제가 된 적이 있다. 미국의 미래학자 존 나이스비트는 21세기가 '3F의 시대'가 될 것이라며 가상(fiction), 감성(feeling)과 더불어 여성(female)을 꼽았다. 지식과 정보, 창의력이 중시되는 시대를 맞아 여성의 강점이 더욱 빛을 발하게 되리라는 예언이다. 머지않아 많은 하이힐들이 유리천장을 뚫고 하이킥을 날리게 되기를 기대한다.

다양성과 경쟁력

지난해 말 국내에 소개된 영화 「아바타」와 애플의 '아이폰'은 소비자들로부터 높은 호응을 얻었다. 아바타는 이모션캡처라는 혁신적인 방식의 3차원 영상과 교감할 수 있는 스토리 등에 힘입어 역대 최고의 흥행 실적을 거뒀다. 아이폰은 사용자 중심의 편리한 기기와 새로운 모바일 생태계 조성 및 다양한 콘텐츠 등 휴대폰의 개념 자체를 바꿔놓았다. 모두 기존의 틀을 깨고 창조적 상상력을 발휘해 시장을 선점한 사례들이다.

오늘날 기업 환경은 급격한 변화의 소용돌이 속에 놓여 있다. 점차 다양화되고 빠르게 변하는 고객의 요구에 부합하는 새로운 가치를 제공하지 못하는 기업은 생존을 담보하기 어려운 시대에 접어들었다. 대한상의의 조사에 따르면 국내 100대 기업의 70%는 인재가 갖춰야 할 핵심 역량으로 창의성을 꼽고 있다.

기업들은 각기 다른 이력과 전문성을 지닌 사람들이 서로의 생각을 공유할 때 혁신적인 아이디어가 나올 가능성이 가장 크다고 보고 외부인재 영입과 역발상 및 새로운 것에 대한 도전을 촉진하는 등 조직의 다양성을 높이는 데 힘을 쏟고 있다.

이러한 사회적 요구에 비해 일반인들의 인식은 '다르다'는 것에 대해 무의식적인 두려움을 갖는 게 아닌가 싶다. '다르다'와 '틀리다'를 구분하지 않는 언어습관을 봐도 그렇다. "내 생각은 좀 틀려" "사람이 확실히 틀려졌어" 등은 '다른(different)' 것과 '틀린(wrong)' 것을 무의식 중에 혼동하는 데서 나오는 표현들이다.

어떤 새로운 견해를 '다른' 것으로 받아들이게 되면 존중하며 이해하려는 반응을 보이기 쉽다. 그러나 '틀린' 것으로 인식하게 되면 이를 적대시하고 바로잡으려는 과정에서 갈등을 겪기 십상이다.

정답은 하나뿐이고 정답과 '다른' 것은 모두 '틀린' 게 되는 원리는 정답 찾기 위주의 주입식교육 시스템에서는 너무나 익숙한 풍경이다. 침대 크기에 맞춰 사람의 다리를 자르거나 늘리는 '프로크루스테스(Procrustes)의 침대'에 비견되곤 하는 위기의 공교육이 이러한 획일성을 가져오게 된 토양이라고 한다면 지나친 비약일까.

획일적인 평가기준을 가지고 모범답안을 일방적으로 주입하는 교육이 아니라 학생의 다양한 가능성을 찾아내 길러주는 교육, '다른' 것은 '틀린' 것이 아니라 새로운 기회가 될 수도 있음을 북돋아주는 교육이야말로 건강하고 경쟁력 있는 사회의 기초가 아닌가 생각한다.

일부 노조 경영권 침해 도(度) 넘었다

　얼마 전 한 자동차회사 노조위원장의 미국 방문 소감이 화제가 됐다. 그는 GM공장이 폐쇄된 후 폐허로 변한 디트로이트 도심을 보고 큰 충격을 받았다고 했다. 또 대규모 리콜 사태로 위기를 맞고 있는 도요타를 교훈으로 삼아야 한다고 했다. 그의 이런 발언은 노사관계의 안정을 바라는 많은 국민들로부터 공감을 사기에 충분했다.

　그로부터 며칠 되지 않아 노동계가 어이없는 주장을 하고 나섰다. 금속노조가 산하노조에 올해 노사협상을 할 때 자동차의 해외 생산비율을 제한하라는 지침을 내려보낸 것이다. 치열한 글로벌경쟁을 벌이고 있는 자동차업계의 현실을 도외시한 어처구니없는 주장이다.

　자동차회사가 해외생산을 늘려야 하는 이유는 분명하다. 외국 유력업체와의 경쟁에서 살아남고 시장을 확대하려면 통상마찰과 관세장벽을 피하고 물류비를 최소화해야 한다. 이를 위해서는 해외 현지공장 설립이 불가피하다.

노동계 주장처럼 국내 근로자의 일자리 유지는 물론 중요하다. 하지만 지금처럼 노동계가 연례행사처럼 파업을 되풀이하고 생산성보다 더 높은 임금인상을 요구하는 일을 계속한다면, 기업들의 해외행렬을 멈추게 하기는 어렵다.

노조는 경영권을 부당하게 침해하거나 간섭하려는 생각을 버려야 한다. 근로자에게 노동3권이 보장돼 있듯이 경영권은 노조가 침범할 수 없는 영역이며, 단체교섭의 대상이 아니다. 경영권을 헌법적 권리로 인정하고 있는 대법원은 노동3권과 경영권이 충돌하는 경우, 기업경쟁력을 강화하는 방향으로 해결책을 찾아야 한다고 판시한 바 있다.

그러나 현실에서 기업의 경영권은 노조의 힘에 밀려 심각하게 침해받고 있다. 어떤 자동차회사는 새로운 차종을 개발하거나 사업확장 또는 공장 이전 시 노조의 동의를 받아야 한다는 단체협약에 발목이 묶여 있다. 노조간부에 대한 인사를 할 때 노조의 사전동의를 받도록 한 회사도 있다.

경영권을 침해하려는 노조의 시도에 대해 기업은 단호하게 대응해야 한다. 노동계가 진정으로 협력과 상생을 원한다면 기업의 경영권을 존중하는 자세부터 가져야 한다.

'등록금 갈등' 이렇게 풀자

대학 진학률이 80%에 달하는데도 청년실업률은 9%다. 이 가운데 현장에 바로 투입될 만한 기술을 갖춘 인력은 갈수록 부족해지고 있다. 현장과 연계되지 않은 고학력 인력이 넘쳐나 기업의 부담도 늘고 있다. 100인 이상 기업의 대졸 신입사원 재교육 비용이 총 2조3049억 원에, 그 기간도 평균 19.5개월이라고 한다. 대학 교육의 부실화를 짐작할 수 있다.

이런 문제를 해결하기 위해 마이스터고와 같은 현장 중심의 직업 교육을 살려야 한다. 이는 현재 논란이 되고 있는 대학 등록금 문제를 해결할 방안이기도 하다. 모든 학생이 대학에 가지 않고도 적성을 살려 기술을 배운다면 불필요한 사회적 비용도 줄어든다.

마이스터 제도는 기술 선진국인 독일의 경제발전과 기술력을 지탱하는 핵심 축이다. 마이스터가 되려면 만 16세부터 산업체 기반의 기술고교와 직업학교에 다녀야 한다. 이들은 현장 작업자와 엔지니어의 중개자 역할을 하며 경영감각까지 갖추게 된다. 마이스터라는 지위에 대한 국민의 평가도 높고, 화이트칼라 못지않은 존경과 부를 쌓는다.

한국도 마이스터고 졸업생이 능력에 걸맞은 대우를 받는다면 대학입시 위주의 교육을 근본부터 바꿀 수 있다. 이때 우리나라 청년층의 높은 대학 진학 욕구를 감안해 '선 취업 후 진학'의 학위 연계형 제도를 활용하는 것도 효과적일 것이다.

고학력자는 자신의 눈높이에 맞지 않는다며 중소기업을 기피하고, 기업은 현장 기술능력이 부족하다며 고학력자를 피하는 악순환은 하루빨리 개선되어야 한다. 마이스터고를 활성화하면 등록금 문제도 해결할 수 있다.

바다거북과 제조업

영화 「친구」에 조오련과 바다거북이 수영시합을 하면 누가 이길지 내기를 하는 장면이 있다. 결론부터 말하면 바다거북을 수영으로 이길 수 있는 사람은 없다. 거북이는 육지에서 한 시간에 0.4㎞밖에 못 가지만 바다에 들어가면 평균 유영속도가 시속 20㎞에 이른다. 박태환 선수보다 세 배 이상 빠른 속도다.

제조업의 일자리 창출력이 근래 들어 육지에 오른 거북이만큼 더뎌졌다는 평가가 많다. 실제 제조업 일자리는 글로벌 금융위기 직후 2년간 17만2000여 개나 줄었다. 전체 고용에서 차지하는 제조업 비중도 지난 2000년 20.3%에서 2009년 16.3%로 감소했다. 제조업의 취업유발계수도 2000년 13.2명에서 2008년 9.2명으로 하락했다.

제조업의 일자리 창출력이 떨어진 것은 비단 우리나라만의 문제는 아니다. 많은 선진국에서 공통적으로 나타나는 현상으로 경제협력개발기구(OECD) 전체적으로 보면 2000년 26.8%를 차지하던 제조업의 고용비중은 2009년 22.9%로 3.9%포인트 감소했다. 제조업의 고용비중 감소는 산업구조의 고도화 등에 따른 자연스런 현상이라는 얘기다.

물론 최근 일자리가 크게 늘고 있는 전문·과학·기술서비스 업종 등은 제조업체의 아웃소싱에서 비롯된 것임에도 일자리 창출은 서비스업으로 잡히는 통계상의 오류도 있다.

그런데 최근 제조업이 고용회복세를 주도하고 있다. 지난해 제조업에서 19만2000개의 일자리가 증가했는데 이는 전체 일자리 증가분 32만3000개의 59.4%에 해당하는 수치다. 육지에 올라온 거북이가 된 줄 알았던 제조업의 일자리 창출력이 그럭저럭 괜찮다는 뜻이다. 제조업을 바닷속 거북이처럼 빠르게 헤엄치게 하는 방법은 무엇일까. 거북이가 빠르게 헤엄칠 수 있는 곳은 자유로운 활동이 가능한 바다지 육지가 아니다. 마찬가지로 제조업이 활발히 경영활동을 하기 위해서는 입지·환경·세제 등의 불필요한 규제나 부담이 없어야 한다. 규제를 획기적으로 풀고 세제를 개선하는 한편 안정적인 노사관계를 정착시키는 데 힘써야 할 것이다.

중소 제조업체의 근무환경도 개선할 필요가 있다. 중소기업 스스로 대기업에 비해 열악한 근로환경을 끌어올려야 한다. 정부도 맞춤형 지원책을 펌으로써 청년층의 중소기업 유입을 촉진해야 할 것이다. 튼튼한 국민경제와 일자리 창출의 기초는 제조업에 있다. 버락 오바마 미국 대통령도 '메이드 인 아메리카'라는 미국 제조업의 영광을 되살리자고 역설하고 있다. 제조업의 경쟁력 강화를 위해 정부와 기업 모두 더욱 노력해야 할 때다.

TV 속 파렴치한 CEO '이제 그만'

"천지그룹의 장도현 회장. 조선소 부지로 눈독 들이던 배밭에 독극물을 몰래 부어 헐값에 땅을 매입한다. 미모의 한재희 태산그룹 회장. 경영권 승계 다툼 과정에서 거액의 비자금 조성에 열을 올리고 창업주의 딸을 납치하라고 사주한다.... 인기리에 방영중인 TV드라마 줄거리다."

TV 드라마 속 반기업정서

천지그룹의 장도현 회장. 가난한 집안에서 태어났지만 그룹 오너까지 오른 입지전적인 인물이다. 사업수완은 출중하지만 이윤을 위해서라면 악행도 마다하지 않는다. 조선소 부지로 눈독을 들이던 배밭에 독극물을 몰래 부어 헐값에 땅을 매입하고, 눈에 거슬리던 경쟁업체 해풍조선을 수사해달라며 고위층에 돈상자를 건넨다. 미모의 한재희 태산그룹 회장. 그녀는 창업회장의 소실로 들어가 회장을 죽음으로 내몰고 본인이 총수 자리를 차지했다. 경영권 승계 다툼 과정에서 거액의 비자금 조성에 열을 올리고 창업주의 딸을 납치하라고 지시하기도 한다.

신문 1면 톱 감이지만 실제 이야기는 아니다. 인기리에 방영중인 TV드라마 줄거리다. 이처럼 우리 드라마에서 만나는 회장님은 '인자한 얼굴 뒤에 추악한 내면을 숨긴 인물', 사모님은 '고상한 외모지만 속물인 여성', 아들과 딸은 '고급 컨버터블을 몰며 방탕하게 사는 천방지축 족속'으로 그려지는 것이 공식화될 정도다. 범죄수사물이나 가족물이 대부분인 미국이나 영국 드라마와 달리 우리 드라마에서는 기업인 일가가 자주 등장하며 그 역할도 주인공을 괴롭히고 비도덕적 행위를 자행하는 등 악의 축을 담당하는 것이 일반적이다.

드라마 속 풍경은 우리 사회가 기업인을 어떻게 보고 있는지를 여실히 보여준다. 반기업정서가 그것인데 그 뿌리는 고려 후기까지 거슬러 올라간다. 당시 유교가 전래되면서부터 우리나라에는 사농공상(士農工商)의 서열이 은연중에 자리잡았고, 기업에 해당하는 '工商'은 지난 500년간 하위 직업군으로 인식되어 왔다. '군자는 도를 걱정하지 가난을 걱정하지 않는다(君子憂道不憂貧)'는 공자의 가르침도 생산과 유통을 담당하는 계층을 업신여기는 풍조를 형성하는 데 일조했다.

우리나라의 반기업정서는 세계 최고 수준이다. 세계적인 컨설팅회사가 22개국의 최고경영자(CEO)를 대상으로 조사한 결과가 그렇다. 미국·영국·일본 등의 선진국은 물론 아르헨티나나 남아프리카공화국 같은 나라들보다 높다. 반기업정서가 이렇게까지 만연한 데는 물론 기업이 자초한 측면도 없지 않다. 외환위기 이후 많이 개선됐다고는 하지만 분식회계로 비자금을 조성하고 경영권을 편법상속하는 사례가 아직도 신문지상에 오르내리고 있으니 말이다. 그러나 일부 기업인의 잘못을 두고 전체 기업을 질타하면서 '기업인은 돈벌이밖에 모르는 파렴치범'으로 모는 것은 적절하지 않다. 피부암으로 3개월 시한부 선고를 받고도 부도난 회사를 살리겠다며 죽기살기로 매달려 살려낸 대기업 회장, 돈벌이는 되지 않지만 개발도상국에 필요한 '착한 기술'을 개발해 지구촌에 나눔을 실천하는 등 한국 기업열전은 아직도 현재진행형이다. 다큐멘터리로 봐도 흥미롭다.

이제는 대기업 비난 일색에서 벗어나 그들의 공로도 함께 인정하는 분위기가 조성됐으면 한다. 한때 가발과 신발을 만들던 나라가 스마트폰과 자동차 강국이 된 것은 바로 대기업이 도전적 기업가 정신을 발휘한 덕분이다. 총수의 지배력은 새로운 사업에 대한 모험적인 연구개발과 시설투자를 지속시킨 원동력이었다. 대기업이 경쟁력을 키우고 해외 주문을 많이 받아온 덕에 중소기업의 일감과 일자리도 늘었고, 이러한 '낙수효과'를 통해 경제가 발전해왔다는 점도 올바로 이해할 필요가 있다. 얼마 전 진보성향의 경제학자인 제프리 삭스 미국 컬럼비아대 교수조차 "한국의 대기업은 기술혁신, 세계화에서 가장 선도적이고 성공적인 조직"이라 평가하지 않았던가.

우리 경제는 2008년 글로벌 금융위기 이후 가장 어려운 시기를 맞고 있다. 기업은 기업가 정신을 발휘해 투자확대와 고용창출이라는 사회적 책임을 다하고, 사회는 이를 정당하게 평가하는 분위기를 조성할 때다. 기업의 기를 꺾을 규제를 만들고 이를 지키는 일에 국력을 허비하기보다 기업과 사회가 한 발씩 양보해 경제를 살리고 사회를 발전시켜나가는 것이 더 현명하다.

영국의 정치인 윈스턴 처칠은 "어떤 이는 기업을 총으로 쏴 죽여야 하는 야수라 하고, 어떤 이는 우유를 짜내는 젖소라 한다. 기업을 마차를 끄는 튼튼한 말로 보는 사람은 드물다"고 말했다. 불황과 양극화로 반기업정서가 고조된 지금, 우리 모두가 곱씹어봐야 할 말이 아닌가 싶다.

아플 수도 없는 마흔,
기업도 똑같다

"조용필과 이선희, 레슬링 황제 김일, 통금과 88올림픽은 추억으로 물러났다. 그 자리엔 스마트폰과 인터넷, 아이패드와 카카오톡이 자리 잡았다. 하지만 관심 밖이다. 마흔을 훌쩍 넘겼지만 머릿속은 온통 자식 교육, 불안한 미래, 그리고 돈이다. 또 수시로 찾아드는 외로움과 쓸쓸함이다."

최근 서점에서 베스트셀러가 되고 있는 『아플 수도 없는 마흔이다』라는 책의 한 구절이다. 청춘은 마음 놓고 아플 특권이 있기에 '아프니까 청춘이다'라지만 마흔은 책임감에 아파도 아프다고 하소연할 수 없다는 것이다. 대한민국 마흔 살이 겪는 애환과 슬픔, 회한을 토닥토닥 위로해줌으로써 많은 독자에게서 공감을 얻어내고 있다.

대한민국 기입 가운데는 마흔에 든 기업이 많다. 1969년에 태어난 '삼성전자', 1967년생 현대차, 1968년생 포스코 등 국내 대표 기업들이 마흔을 훌쩍 넘겼다. 한국의 스타 기업인인 이병철·정주영·박태준 회장이 창립해 고난과 역경의 40여 년 기업사를 써

내려온 것이다.

국내 기업들은 70년대 두 차례의 석유파동으로 '내다 팔수록 적자'인 시기를 겪었다. 90년대 외환위기 시절에는 자금줄이 끊기면서 줄도산 위기에 처하기도 했다. 그리고 다시 10여년 만에 미국발·유럽발 금융위기가 불어닥쳐 수출길이 막히기도 했다.

한국 기업을 바라보는 시선도 곱지 않았다. '1년에 2193시간을 일하는 나라' '일본 제품 베껴내는 한국 기업'이라는 비아냥에 모멸감도 느껴야 했다. 그러나 최고경영진의 과감한 결단과 도전의식, 근로자들의 헌신과 열정, 그리고 협력업체의 동반의지 등이 한데 뭉쳐 역경을 이겨냈다. 국민과 정부는 이런 기업에 대해 '산업역군, 수출역군'이라며 한껏 치켜세우기도 했다.

그러나 요즘 사회 분위기는 사뭇 달라 보인다. '기업이 역경을 딛고 좋은 성과를 거뒀다'는 것이 자랑거리가 되지 못하는 듯하다. 전 세계적으로는 자본주의 시스템에 대한 반성이 유행처럼 번지고 있다. 이구동성으로 "대기업들, 이대로는 안 된다"를 외치는 상황이다. 특히 선거를 앞둔 정치권에서는 재벌세 도입, 출자총액제한제도 부활, 순환출자금지, 지주회사 규제강화 등을 통해 경제력 집중을 막아보겠다고 나서고 있다. 사회 통합의 해법으로 대기업에 대한 규제강화를 선택한 것이다.

사실 경제력이 한 곳으로 쏠리고 양극화가 심화되는 것은 바람직한 현상이 아니다. 경제력이 집중되면 정경유착의 개연성이 커지고 시장경제체제에 대한 믿음이 약해질 수 있으며, 구성원 간의 불신이 강해져 공동체 기반이 무너질 수 있다.

그렇다면 정말 과거에 비해 우리 기업의 경제력 집중이 심화됐는가. 결론부터 얘기하면 그렇게 보기 어렵다. 자산규모와 매출액만 놓고 볼 때 대기업 비중이 늘어난 업종이 일부 있지만, 반대로 감소한 곳 역시 많다. 기업 매출총액에서 주력 업종의 매출액이 차지하는 비율, 즉 업종특화율도 높은 수준을 유지하고 있어 '문어발식 팽창'이란 주장도 맞지 않는다. 일부에서는 출자총액제한제도가 폐지돼 계열사 수가 늘었다고 주장하지만, 공정거래위원회는 '계열사 수 확대와 출총제 폐지의 인과관계가 불분명하다'고 밝힌 바 있다.

이처럼 경제력 집중에 대한 통계적 사실과 일반적인 상식이 다른데도 불구하고 근거 없는 비판을 가하는 것은 옳지 않다. 이는 반기업정서를 확대시켜 경제성장과 일자리 창출의 주체인 기업의 사기를 떨어뜨리고 민주주의와 시장경제라는 대한민국의 정체성까지 위협할 수 있다.

물론 시대를 지배하는 정신은 있게 마련이다. 그러나 어느 극단으로 쏠리는 것은 경계해야 한다. 경제학자들까지도 자본주의 위기의 원인이 '균형을 상실한 시장경제체제'라고 지목하고 있다. 그러나 균형을 잃은 시대정신과 이를 반영하겠다고 앞뒤 재지 않고 정책을 쏟아내고 있는 현재의 상황은 걱정이 된다.

기업활동을 규제해서 얻는 실익과 반대로 생길 수 있는 폐해를 따져보고, 비현실적인 최선의 정책과 현실 적용이 가능한 차선은 무엇인지, 현재와 미래에 미칠 영향까지 깊이 살펴보는 균형이 절실히 요구된다.

앞으로도 우리 기업들은 흔들림 없이 생산과 투자, 일자리 창출

이라는 본업에 충실할 것이다. 그리고 동반성장·투명경영·사회
공헌활동과 같이 우리 사회가 기업에 부여한 책임을 다하는 데도
최선을 다할 것이다.

공자는 『논어(論語)』의 '위정(爲政)편'에서 마흔을 '세상일에 정신
을 빼앗겨 판단을 흐리는 일이 없는 나이', 즉 '불혹(不惑)'이라 했
다. 40여 년의 숱한 위기 속에서도 일류기업으로 발돋움한 기업들
에 채찍보다는 위로의 말 한마디가 필요한 때다.

기업이 부르는 아리랑

한국 민요 '아리랑'이 세계 3대 영화제인 베니스 영화제의 마지막을 장식했다. 영화 「피에타」(이탈리아어로 '자비를 베푸소서'란 뜻)가 최고 영예인 황금사자상을 받자 김기덕 감독이 수상 소감을 대신해 아리랑을 부른 것이다. 김 감독은 아리랑을 부른 이유에 대해 "지난 4년간의 나에 대한 질문에 대한 답이자, 씻김굿 같은 것"이라고 밝히며 "가장 한국적인 것을 수상 소감 대신 전하고 싶었다"고 고백했다.

수상 소식이 전해진 이후 국내 영화인은 물론 온 국민의 축하가 쏟아졌다. 더불어 아리랑을 부른 이유에 대해 알게 된 네티즌들도 수상을 축하하며 센스 있는 소감에 엄지 손가락을 치켜들었다. 국민의 한 사람으로서 우리 영화를 세계의 중심으로 우뚝 세운 김 감독이 자랑스럽고 기쁜 한편, 문화인을 향한 국민의 시선이 기업인을 바라볼 때와 사뭇 다르다는 느낌에 아쉬운 마음이 들기도 한다. 이렇듯 묘한 감정을 느낀 것은 비단 이번만이 아니었다.

'강남스타일' 열풍이 이어지며 할리우드 스타를 비롯한 전 세계인이 말춤을 추자 네티즌들은 '싸이 미국 강제진출'이라며 K팝을 팝의 본고장으로 이끈 싸이에 환호하고 있다. 하지만 네티즌들은 강남스타일의 뮤직비디오가 유튜브 조회수 1억5000만 건 돌파에 놀라면서도 올 상반기에만 1억7000만 대의 휴대전화 판매고를 기록한 기업에게 보내는 환호는 좀체 들리지 않고 있다. 유럽 최대 가전전시회인 '국제가전박람회(IFA) 2012'에서 우리 기업이 큰 상을 받았을 때도, 세계 3대 디자인상인 IDEA에서 7개 부분을 휩쓸었을 당시에도 상황은 비슷했다.

이를 반영하듯 최근 기업에 대한 국민의 호감도는 계속 떨어지고 있다. 지난 7월 대한상의 조사에 따르면 올 상반기 기업호감지수가 100점 만점에 50.9점에 머물렀다. 지난해 하반기 대비 0.3점 낮아졌고 2010년 상반기 최고점을 기록한 이후 3점 가량 하락했다. 이렇듯 기업인을 대하는 국민의 시선이 냉랭해진 데는 동반성장, 공생발전, 경제민주화와 같은 이슈가 계속 제기되다보니 마치 기업이미지가 나쁜 것인 양 국민에게 비춰지고 있기 때문이라 생각한다.

반기업정서는 경영현실을 도외시한 채 무분별하게 쏟아지는 각종 선심성 공약과 정책에서 비롯된다는 지적이 많다. 선거를 앞두고 표를 의식한 편가르기식 규제정책이 경제 주체간 불협화음을 일으켜 투자활력과 고용창출력을 떨어뜨린다는 말들도 여기저기서 들려온다.

경기를 활성화하고 일자리를 창출하려면 기업 때리기와 투자를 저해하는 정책은 그만 자제되어야 한다. 대신 기업들이 적극적인 투자와 일자리 창출에 나설 수 있도록 규제완화, 노동유연성 제고 및 조세감면 등의 정책적 지원을 마련해야 한다. 기업도 전향적인 자세를 갖고 국민의 시선을 바로 잡기 위해 노력해야 한다. 윤리경영과 사회공헌활동이라는 씻김굿을 통해 기업활동을 옥죄고 있는 반기업정서라는 굴레에서 벗어나야 한다.

국민도 기업을 사랑하는 마음을 갖는 것이 필요하다. 삼성과 애플의 특허소송에서 볼 수 있듯이 지금 세계경제는 자국기업 보호주의가 강화되고 있다. 이 상황에서 기업을 배척한다면 우리 기업이 설 자리가 없어질지 모른다. 지금은 앞서가는 기업을 고개 숙이게 하지말고 기운을 북돋아주고 기업에 힘을 실어주어야 할 때임을 알아야 한다.

김기덕 감독이 데뷔 후 최고의 자리에서 아리랑을 부르는 데까지 16년이라는 긴 시간이 걸렸다. 작품으로는 18번째만이다. 우리 사회에 만연한 반기업정서를 해소하는 데 이보다 더 오랜시간이 걸릴 수도 있다. 하지만 기업이 사회적 책임을 다하고 사회가 기업에게 피에타, 자비를 베풀어준다면 언젠가 모든 국민이 기업에 환호하고 기업이 그들 앞에서 아리랑으로 화답하는 모습을 보게 되리라 생각한다.

소녀시대 경제학

2010년 9월27일, 일본의 유력 경제 주간지 「닛케이 비즈니스」 표지에 한국의 소녀시대가 등장했다. 40년이 넘는 역사와 일본 최고경영자(CEO)들의 높은 구독률을 자랑하는 경제지 표지에 외국 연예인이 장식된 것은 이례적인 일이라 하니, 가히 이들의 인기와 경제적 가치를 실감케 한다.

실제로 소녀시대는 일본 진출 두 달 만에 오리콘 차트 1위를 차지하는 등 현재 일본 열도는 그야말로 '소녀천하'라 할 만하다. 일본 시장 성공에 힘입어 소속 기획사의 주가는 일 년 새 7배 상승했고, 올 상반기 매출은 지난해 같은 기간에 비해 60% 늘었다고 한다. 이쯤 되니 대박 '9인 기업' 소녀시대에는 우리 기업들이 꼭 배워야 할 경제이론이 있어 보인다.

우선 밴드왜건(Bandwagon) 전략. "지지지지…", "오오오오빠를 사랑해" 등의 노랫말과 멜로디는 삼촌팬(?)인 필자의 귀에도 쏙쏙 들어온다. 쉽고 강한 반복적인 어구는 금세 세간의 화제가 됐고, 이내 관심 없던 사람들도 팬으로 끌어들이기 시작했다. 소녀시대의 전략적 소통법이다. 과거 강남 주부를 중심으로 인기를 끌었던 김치냉장고, IT에 민감한 대학생들에게서 시작된 스마트폰처럼 유행에 편승해 군중심리를 유발한다는 밴드왜건 효과가 만들어졌다.

두 번째는 범위의 경제. 사람들은 소녀시대 성공경제학으로 '선택의 폭'을 가장 많이 꼽는다. 각각의 개성으로 무장한 그들은 때로는 그룹 전체, 때로는 개별적으로 활동해 다양한 관객층을 끌어들이고 있다. 다시 말해 '윤아'의 연기를 좋아하는 팬, '태연'의 가창력을 좋아하는 팬, '써니·유리'의 개그본능을 좋아하는 팬 모두가 소녀시대의 팬인 셈이다. 최근 삼성전자, 애플 등 유명 IT 회사들이 스마트폰의 생산 공정에 약간의 체계를 가미해 태블릿 PC를 출시한 것처럼 말이다.

다음은 치열한 경쟁. 한국 아이돌 그룹은 치열한 오디션을 거쳐 합격하더라도 몇 년 동안 노래, 안무, 외국어 등을 배우는 연습생 기간을 거쳐야 한다고 한다. 물론 연습생이 된 이후에도 낙오되는 경우가 다반사라고 한다. 이런 '한국형 경쟁시스템'이 귀여움을 강조하는 일본 걸그룹을 넘어선 파워풀하고 세련된 무대를 탄생시켰다.

마지막으로 비전과 도전. 문화 콘텐츠와 자원이 부족했던 한국에서 세계적인 팬을 거느린 그룹이 탄생한 데는 장기적 안목을 가지고 과감하게 투자하는 도전정신이 큰 몫을 차지했으리라 본다. 마치 한국 굴지의 기업들이 몇 십년 전 그랬던 것처럼.

얼마 전 소녀시대는 한 인터뷰에서 "소녀시대란 이름을 처음 받았을 때 '소녀'에 힘을 주었어요. 이젠 '시대'를 강조하고 싶어요. '시대'란 말을 쓰려면 전 세계적, 그리고 문화적으로 큰 사건을 만들어야겠지요"라고 말했다. 인력과 자원은 부족했지만 비전 하나만 보고 과감히 달려들었던 선배 기업인의 모습, 소녀시대가 우리 기업인들에게 건네는 가장 중요한 메시지가 아닐까 한다.

난세에 영웅 난다 …
중소기업 용기를 내자

"새로 출범하는 박근혜 정부는 경제민주화와 복지를 강조하는 것으로 알고 있다. 성장과 복지, 두 마리 토끼를 다 잡을 수 있느냐?"

얼마 전 미국 샌디에이고에서 열린 한·미 재계회의에서 만난 외국 기업인들이 필자에게 던졌던 질문이다. 최근 우리 경제는 일본형 저출산·고령화사회로 접어들고 있다. 그들이 정말 하고 싶었던 말은 '한국으로서는 유럽형 복지를 추구하기가 녹록지 않을 것'이란 지적이 아니었을까 싶다. 필자는 일단 "문제없다(No problem)"고 답했다. 경제민주화는 시장의 공정성을 확립하고 동반성장을 추진하면 되기 때문이라는 설명을 붙여서다. 하지만 복지 문제는 자신 있게 대답하기 힘들었다. 복지재원 마련이 걱정인 데다 복지를 추구하다 좌초한 외국 선례가 적지 않기 때문이다. 우리가 과연 성장 신화에 이어 복지 신화까지 완성할 수 있을까.

복지사회는 힘든 과제임이 분명하다. 그렇다고 시작도 않고 미룰 수는 없는 일이다. 무엇보다 성장과 복지의 두 마리 말이 쌍두마차를 잘 끌도록 조련하는 것이 급선무다. 여기서 순서와 역할을 잘

정해줘야 하는데 성장의 말이 먼저 힘차게 달리게 하고, 이 힘으로 복지를 펼쳐야 한다. 그 역순은 곤란하다. 감당하기 힘든 수준의 고용 의무나 복지 부담을 기업에 강요하면 본업인 성장도 힘들어지기 때문이다.

그런데 요즘처럼 세계적 불황이 되풀이되는 상황에선 현재의 성장 기조를 유지하는 일도 벅차다. 새 정부가 출범해 부양책을 펴면 경기가 호전될 수도 있다. 그러나 지속가능한 성장을 하고, 복지 재원을 뒷받침하기 위해서는 더 큰 힘이 절실하다. 성장 신화의 원동력이었던 기업가 정신이 바로 그것이다. 이런 점에서 사회 전반에 안정 추구 성향이 만연하면서 기업가 정신이 쇠퇴하고, 경제의 역동성이 줄어들고 있는 것은 매우 안타까운 일이다.

경제위기가 진행형인지라 기업도 살아남는 데 주력하고 있다. 새 도전에 나서는 것 자체가 무모한 선택일 수도 있다. 그러나 일정한 공식에 따라 모든 것을 설명할 수 있던 뉴턴의 유클리드 기하 체계의 시대는 저물고 있다. 과거처럼 정해진 경영기법에 따라 투자한다고 적정 수익이 보장되지 않는다는 얘기다. 지구촌 곳곳에서 시장 파괴형 혁신이 상시화하면서 새로운 기술과 제품이 쏟아지고 있다. 보물찾기 게임처럼 남보다 먼저 발굴하지 못하면 탈락하는 시대가 됐다. 따라서 무엇인가를 이루려면 적극적으로 위험을 감수해야 한다.

2001년 노벨경제학상 수상자인 애컬로프 미 버클리대 교수는 경제를 움직이는 3대 핵심 요인으로 야성적 충동과 자신감, 그리고 이야기를 꼽았다. 이것들이 잘 발현될 때 기업가 정신이 꽃핀다고도 했다. 정주영 회장이나 이병철 회장같이 자신감을 갖고 야성적 충동을 발휘해 성공 스토리를 써주실 분들이 절실하다. 시장의 절대 강자가 두려운가. 그러나 넘을 수 없는 절대 장벽은 없다. 삼성의 반도체나 현대의 자동차 역시 첫출발은 매우 무모했고 미약했다. 기술력이 미약하고 자본도 부족한가. 그러나 문제없다. 시장에 울림을 주는 아이디어가 있고, 비즈니스 모델만 좋으면 정부가 지원하고 각종 펀드에서 앞다퉈 투자하기 때문이다.

기업가 정신만으론 부족한 2%도 채워야 한다. 성공하려면 달라야 한다. 시베리아 내륙의 강에서 운항할 호화 요트를 판매하는 식으로 창의성을 발휘해야 한다. 미국에선 창조와 혁신의 대부분이 중소기업에서 나온다. '난세에 영웅 난다'는 말이 있다. 급변하는 환경과 반복되는 위기는 기업 성장의 호기일 수 있다. 장기 불황으로 힘들겠지만 더욱 많은 중소기업이 삼성과 현대를 넘어서려는 용기를 갖고 도전해주었으면 한다.

때가 되면 봄이 오듯 경기가 호전되는 순간이 올 것이다. 그러나 그 봄을 어떻게 맞이하는가가 더 중요하다. 불황이 풀릴 날을 기다릴 것이 아니라 창조적 기업가 정신을 발휘해 불황 극복의 주역으로 나서는 기업이 많이 나오길 바란다. 다행히 새로 출범하는 정부는 창조경제 활성화를 중요한 국정 과제로 삼고 있다. 아무쪼록 창조와 혁신의 분위기가 만들어져 기업가 정신의 르네상스가 꽃피길 기대한다. 국민도 월드컵 대표팀과 김연아 선수에게 보냈던 격려의 박수를 기업인에게 보내주었으면 좋겠다.

호환·마마보다 무서운 악성루머

유럽 중세시대 마녀사냥으로 희생당한 여성에 대한 재판이 얼마 전 독일에서 다시 열렸다. 당시 억울하게 마녀 누명을 쓰고 화형을 당했던 한 여성의 한을 수백 년이 지난 지금이라도 풀어주기 위해서라고 한다.

16세기 말에서 17세기에 걸쳐 유럽은 종교전쟁과 전염병, 경제상황 악화 등으로 혼란한 상황이 지속되었다. 사람들은 이러한 혼란과 불행을 악마의 마법 탓으로 돌리며 무고한 사람들을 마녀로 몰아세우고 처벌했다. 현대사회에서는 상상할 수 없는 불합리한 일이 공공연히 자행되었던 안타까운 역사의 한 장면이다.

그런데 불행히도 정도의 차이는 있지만 요즘 우리 주변에도 이런 일이 자주 발생하고 있다. 인터넷 상에서 유포되는 근거 없는 악성루머와 댓글로 연예인뿐만 아니라 일반인까지 고통을 당하는 사건이 잦아졌다. ○○녀, ○○남으로 지칭되며 사실 여부가 확인되기도 전에 무섭게 확대 재생산되고 인신공격을 당하며 회복하기 어려운 상처를 입는다. 참으로 불행한 일이 아닐 수 없다.

이런 불행한 일을 겪는 피해자가 또 있다. 바로 기업들이다.

지난 2월 국내의 한 프랜차이즈 업체는 일명 '임산부 폭행사건'으로 홍역을 치렀다. 과장되고 왜곡된 사실이 검증 과정도 없이 삽시간에 온라인 상에 퍼져 해당업체는 사실관계를 확인하기도 전에 일단 사과부터 해야 했다.

사건의 진상이 밝혀지고 어느 정도 시간이 지나자 이 사건은 대중의 관심에서 멀어졌다. 그러나 해당업체는 진실 여부와 관계없이 소비자들에게 각인된 부정적인 이미지로 타격을 입었다.

과거 쓰레기만두 파동, 포르말린 통조림, 공업용 우지 라면 등의 사건들도 대부분 사실이 아니라는 결론이 났지만 당시 이름이 거론된 기업들은 치명적인 피해를 입었다.

최근 방사능 물질이 검출되어 문제가 된 분유 또한 전문가들이 나서서 인체에 무해하다고 발표했지만 소비자에게 심어진 이미지는 쉽게 지워지지 않기에 해당 기업으로서는 난감할 뿐이다.

안타깝게도 우리나라에서 기업에 대한 시선은 그다지 호의적이지 않다. 특히 규모가 큰 기업일수록 더욱 그렇다. 대한상의가 금년 상반기에 실시한 기업호감도 조사결과를 보면 100점 만점에 중소기업은 62점을 받았고, 대기업은 48.1점을 받았다. 또한 응답자의 65.6%가 '우리나라는 반기업정서가 높은 편이다'라는 의견에 동의했다고 한다.

이러한 사회적 분위기는 자칫 기업이 도마 위에 올랐을 때 공정한 평가를 받지 못한 채 비난의 여론에 휩쓸리기 쉽다는 것을 예고한다. 치열한 경쟁 속에서 피땀 어린 노력으로 성장한 우리 기업들이 행여 어떠한 의혹이나 잘못된 정보만으로 순식간에 피해를 입는 사례가 또 발생하지 않을까 우려된다.

요즘은 과거와 달리 개인이 손쉽게 정보를 생성할 수 있을 뿐만 아니라, 그 정보를 지구 반대편에 있는 사람들도 동시에 볼 수 있다. 전세계 인터넷 이용자 수는 21억 명, 대표적 SNS(소셜 네트워크 서비스)인 페이스북의 이용자 수는 10억 명에 가깝다. 발 없는 말이 천리만 가는 게 아니라 빛의 속도로 전 세계에 퍼지는 시대이다.

사람이 셋이면 없는 호랑이도 만든다는 삼인성호(三人成虎)라는 말이 있다. 수많은 네티즌이 모여 있는 온라인 공간에서 신중하지 못한 언행은 자칫 거짓을 진실로 만들기도 하고 진실을 거짓으로 몰아갈 수도 있다.

무책임한 언행은 무고한 누군가의 인생을, 혹은 성장하는 기업의 미래를 앗아간다. 유익하고 편리한 생활을 위해 만들어진 정보 소통의 수단이 결코 마녀사냥의 도구가 되어서는 안 된다.

황금 보기를
돌같이 하면 안 된다

유대인은 전 세계 인구의 0.2%에 불과하지만 노벨 경제학상 수상자의 65%를 배출했다. 또 포춘이 선정한 글로벌 100대 기업의 40%를 소유하고 있으며 지구촌 백만장자의 20%를 차지하고 있기도 하다. 유대인이 이처럼 경제 분야에서도 두드러진 활약을 펼치는 데는 이유가 있다. 어려서부터 가정에서 자연스럽게 경제교육을 받기 때문이다.

유대인 부모는 일상생활 속에서 자녀에게 합리적인 경제관을 가르친다. 예를 들면 이유 없이 용돈을 주지 않는데, 이를 통해 심부름 같은 정당한 노력을 해야 돈을 벌 수 있다는 사실을 알려준다. 또 형제간 나이 차이가 있어도 같은 심부름에는 용돈을 똑같이 줘 동일 노동, 동일 임금의 원칙을 깨닫게 해준다.

돈의 가치도 현실적으로 가르친다. 유대인은 돈이 많은 사람이 훌륭하다는 가치관을 가지고 있다. 학문이나 지식이 뛰어나더라도 가난하면 존경받지 못한다. 이런 가치관은 돈에 대한 집념을 갖게 하고 창조적 기업가 정신의 원천이 된다. 돈을 중시하지만 다른 한편으로 절약과 절제, 자선과 선행을 가르침으로써 돈만 아는 비정한 인간이 되지 않도록 경계한다.

그러나 우리의 경제교육 현실은 어떤가. 대부분의 가정에서는 자녀가 돈을 모르는 것이 바람직하다고 여긴다. 어린아이가 돈을 알면 영악하다고 생각한다. 학교나 책에서는 대체로 부유한 것보다 청빈이 훌륭한 가치라고 가르친다. '황금 보기를 돌같이 하라'라든지 '어떤 재상이 돌아가셨는데 장례 치를 비용마저 없을 정도로 가난했다'는 식의 청백리 얘기를 흔히 듣는다. 본질에 눈감고 허위를 가르치는 교육이 아닌가 한다.

이런 면에서 얼마 전 교육과학기술부가 경제교육을 오히려 축소하기로 한 것은 유감스럽다 하겠다. 교과부는 고교 교과과정인 '일반사회' 과목을 중학교로 내려보내는 한편 선택과목인 '생활경제'를 폐지한다고 했다. 이후 비판 여론이 일자 생활경제 과목을 유지하기로 했지만 학교 경제교육이 위축되지 않을지 걱정스럽다.

경제교육은 생산·소비·금융 등 경제원리에 대한 지식을 배우고 경제의식을 함양하는 것을 목적으로 한다. 그런데 우리의 학교 경제교육은 생활경제보다 이론 위주다. 어려운 경제논리와 용어는 학생들이 경제에 대한 흥미를 쉽게 잃게 한다. 또 고등학교를 나와도 금융·부동산 등 생활에서 반드시 필요한 경제상식을 모르기 십상이다.

기업활동이나 대·중소기업 관계에 대한 부정적 서술도 문제다. 반기업정서를 부추기기 때문이다. 무엇보다 입시 위주의 교육으로 인해 학생들에게 올바른 경제관을 심어주지 못하고 있다는 것이 근본적 한계로 지적된다.

우리와 달리 선진국은 오히려 경제교육을 강화하고 있다고 한다. 미국이 민간 위주로 이뤄지던 경제교육에 국가가 나서서 지원하는 것이라든지, 영국이 전 학년에 걸쳐 금융교육을 강화해 나가고 있는 것이 그 예이다.

대한상공회의소는 2003년부터 청소년과 대학생·교사를 대상으로 경제교육을 하면서 이 분야에서 선구자적 역할을 해왔다. 반기업정서가 고조되던 당시부터 시장경제의 우수성과 기업의 역할을 제대로 알리기 위해 애써온 것이다. '만화 CEO 열전' '재미있는 경제' 등 청소년이 읽을 만한 경제서적도 활발히 펴내 초·중·고에 보급했다. 이 같은 민간의 노력에 더하여 학교에서도 경제교육을 강화해 나간다면 장차 경제 분야에서 유대인과 같은 성과를 기대할 수 있으리라.

일찍이 사마천은 사기열전의 '화식' 편에서 "산속에 묻혀 사는 청빈한 선비도 아니면서 가난과 비천에서 벗어나지 못하는 자가 말로만 인의를 떠드는 것은 부끄럽기 짝이 없는 일이다"라고 갈파하였다. 현실에 발을 딛고 살아가야 할 청소년에게 올바른 경제관과 경제생활의 지혜를 가르치는 일은 국가와 기성세대의 책임이 아닐 수 없다.

케이팝(K-Pop) 정신

K팝이 전 세계에서 돌풍을 일으키고 있다. 일본과 중국을 넘어 아시아 전역의 마음을 사로잡더니 최근에는 프랑스, 영국을 비롯한 유럽을 열광하게 만든 것이다. 아직 진출하지 않은 지구 반대편의 남미에서조차 동영상을 접한 팬클럽이 속속 생겨나고 콘서트 개최 요청이 쇄도할 정도라고 한다.

보고 듣는 수준에서 벗어나 한국어로 노래 부르기, 댄스 경연대회 등 다양한 체험활동으로 발전하고 있는 것도 고무적이다. K팝의 인기에 따른 국가 브랜드 제고와 우리 제품의 호감도 상승, 한류관광 증가 등 경제적 연관효과가 연간 4조 원이 넘는다고 하니 놀라울 따름이다.

K팝이 전 세계인의 사랑을 받는 것은 서구음악을 새롭게 재창조했기 때문이다. 기억하기 쉬운 반복적 멜로디, 시선을 확 사로잡는 역동적 안무, 폭넓은 지지층을 끌어들이는 개성 넘치는 그룹 멤버의 구성은 K팝만이 갖는 독창적 스타일이다.

완벽한 모습을 보여주려 혼신을 다하는 아이돌 스타의 노력도 빼놓을 수 없다. 이들은 치열한 오디션을 거쳐 선발된 후에도 가창력과 댄스에 개인기, 외국어까지 익히는 수년간의 혹독한 교육기간을 견뎌야 한다.

하지만 K팝의 독창적 스타일과 아이돌 스타의 노력도 기획자의 과감한 도전과 장기적 투자가 있었기에 가능했다고 본다. 부족한 문화 콘텐츠에서도 세계인의 눈높이에 맞춘 음악을 꿈꾸며 재능 있는 지망생을 발굴하고 실력을 키우도록 만들었다. 이들을 보며 인력과 자원 어느 하나 제대로 갖춰진 게 없었지만 비전을 보고 과감히 달려들었던 창업 1세대 선배 기업인의 모습이 오버랩되는 것은 필자만의 생각일까.

우리 국민은 교육열이 높고 성공을 위해 열심히 노력하려는 의지가 강하다. 산업기반과 IT 기술도 세계적 수준에 올라와 있다. 창의적 사고와 도전적 열정으로 무장한 기업가 정신이 발휘된다면 제2, 제3의 K팝이나 명품을 못 만들어낼 이유가 없다. 물론 기업가 정신을 발휘하기에 제반 여건이 호락호락하지 않은 것도 사실이다. 비상등이 켜진 경제환경은 둘째 치고 경직된 노사관계와 각종 규제, 반기업정서 등 고질적 문제는 좀처럼 나아질 기미를 보이지 않고 있다. 기업의 규모가 크다는 이유만으로 근거 없는 의혹의 눈길을 보내는 병폐까지 다시 살아나고 있는 점도 아쉬운 대목이다.

위기와 기회는 늘 교차되곤 한다. 경쟁을 헤쳐가는 기업가에게 미래의 흐름을 읽고 과감히 도전하는 것은 피할 수 없는 과제다. 10년 전, 20년 전에는 누구도 상상하지 못했던 일을 해낸 K팝을 보며 기업인 스스로가 의욕을 다졌으면 한다.

기업가 정신 회복을 위한 제언

기업가 정신을 되살려야 한다는 목소리가 커지고 있다. 미래에 대한 통찰력을 바탕으로 성공에 대한 확신을 가지고 불확실성에 도전해 새로운 기회를 창출해내는 기업가 정신의 복원이야말로 경제 도약의 원동력이라는 인식이 확산됐기 때문이다.

대한상공회의소의 연구에 따르면 사업체 수 증가율, 설비투자액 증가율, 연구개발비 증가율로 본 우리의 기업가 정신지표는 창업 1세대가 포진했던 70년대의 5분의 1 수준으로 하락한 것으로 나타났다.

기업가 정신의 하락은 단지 사업 전망이 불투명하거나 창업 여건이 미비돼 있다는 외적인 환경 탓으로만 돌리기 어렵다는 점에서 경각심을 가질 필요가 있다고 본다.

기업의 목적은 부의 사회환원이라는 잘못된 인식, 기업활동 및 부의 축적에 대한 일부 층의 과도한 반감, 도전적이고 위험이 따르는 일을 기피하고 안정적인 일만 찾는 세태, 실패에 대한 엄격한 처벌과 같은 우리 사회의 편향된 가치관과 활력 저하가 기업가 정신의 위축을 불러온 요인이 되고 있다면 매우 우려되는 일이 아닐 수 없다.

기업가 정신은 어느 특출한 개인이나 집단의 번뜩이는 영감만으로 발현되는 것이 아니라 경제주체들의 부와 성공에 대한 시각, 변화와 도전에 대한 태도, 위험과 실패에 대한 평가 등 사회에 확립된 문화와 규범 등 전반적인 맥락에서 나타나는 것이기 때문이다.

서양에서 자본주의가 발전할 수 있었던 것은 직업윤리에 기초한 부의 축적을 종교적 의무로 간주한 프로테스탄티즘의 소명의식이 뒷받침되었기 때문임은 널리 알려져 있다.

기업가 정신의 복원을 위해서는 기업 및 기업인에 대한 왜곡된 시각과 기업활동을 저해하는 사회 제도적 굴레를 제거해야 한다. 기업에 대한 우호적인 시각을 확산시키고 규제혁파 및 정책 일관성 유지를 통해 기업환경의 불확실성을 최소화해야 한다.

패자부활전이 가능한 사회 시스템을 만드는 일도 중요하다. 영국의 저명한 칼럼니스트인 팀 하포드는 대한상의를 비롯한 경제5단체가 주최한 기업가 정신 국제콘퍼런스에서 실패했을 때 좌절하지 않고 실패를 통해 얼마나 잘 배우느냐가 기업의 성공을 좌우한다고 설파했다.

기업가 정신 또는 혁신이란 기존 제도와 관행을 창조적으로 파괴하는 행위를 말한다. 변화하는 환경에 대한 부단한 적응, 미지의 것에 대한 도전정신, 위험을 무릅쓰는 용기는 기업가 정신을 북돋운다.

도전 과정에서 겪는 실패를 성공을 위한 시행착오로 간주하기보다는 패배 또는 무능력함으로 낙인찍는 사회 풍토는 기업가 정신의 발흥을 저해하기 쉽다. 실수와 실패를 용인하지 않는 풍토 속에서는 진취적인 사고로 과감히 도전하려는 성향이 위축될 수밖에 없다. 새로운 도전을 하다 실수해서 자신의 평판을 떨어뜨리기보다는 아예 일도 벌이지 않고 실수도 하지 않는 것이 현명한 선택이 될 수 있기 때문이다.

사업에 실패한 기업인을 인생의 패배자로 백안시할 것이 아니라 성공을 위한 소중한 경험을 축적하여 한 발 더 성공에 근접한 경력자로 우대해 재기할 기회를 주는 사회, 사업실패 경험이 수치스러운 일이 아니라 훌륭한 스펙(경력)이 되는 사회에서는 불확실성에 도전해 무에서 유를 창조하는 기업가 정신이 왕성해질 것임은 짐작하기 어렵지 않다.

마지막으로 사회구성원 간 신뢰를 본질로 하는 사회적 자본을 확충하는 일도 중요하다. 신뢰 수준이 높은 사회일수록 사회갈등이 적고 거래비용이 적게 들어 기업하기에 유리한 환경이 조성된다. 세계은행 분석에 따르면 사회적 신뢰도가 10% 오를 때 경제성장률도 0.8%포인트 증가한다고 한다.

기업이 고객, 종업원, 협력업체, 지역사회 등 기업을 둘러싼 여러 이해관계자들로부터 신뢰를 얻는 일은 기업의 지속적인 성장을 위한 핵심 과제가 되고 있다. 특히 대기업과 중소기업 간 공정한 거래질서를 확립하는 일은 대−중소기업 간 협력을 기초로 하는 기업 생태계 간 경쟁이 심화되고 있는 오늘날, 글로벌 경쟁력을 확보하는데 필수적인 요인이다.

　우리 사회가 기업가 정신 회복을 위한 제도적, 사회문화적 환경을 조성하는 데 온 국민의 총화를 모을 때 우리 기업인들은 케인스가 말한 '야성적 충동(Animal Spirits)'을 가지며 과감히 투자에 나서고 우리 경제는 새로운 도약의 기회를 맞이하게 될 것이다.

모데카이 브라운의 세 손가락

　미국 메이저리그 역사에서 불가능을 가능으로 만들었던 선수가 있다. 지난 1910년을 전후해 10여 년간 시카고 컵스에서 활약한 모데카이 브라운이다. 그는 어렸을 때 당한 사고로 오른손 손가락이 셋뿐이어서 '세 손가락의 브라운(Three Finger Brown)'이란 애칭으로도 알려져 있다. 그런 그가 더욱 유명하게 된 이유는 장애를 극복하고 이뤄낸 뛰어난 성적 때문이다.

　브라운은 세 손가락, 그마저도 심하게 뒤틀리거나 반쯤 마비인 상태로 공을 던지며 통산 239승, 방어율 2.06이라는 뛰어난 기록을 남겼다. 또 1907년~1908년 연속으로 소속팀을 월드시리즈 우승으로 이끌었고 은퇴 후에는 명예의 전당에 헌정되기도 했다.

　지난 50년간 한국경제가 이룬 성과도 브라운의 성공신화에 못지않다. 1960년대 초만 해도 한국은 외국 어느 석학의 표현처럼 '저주받은 나라'였다. 식민 착취와 분단, 내전으로 얼룩지고 자원도 빈약한 한국은 도저히 헤어날 수 없는 장애를 가진 나라로 비쳤다.

　그 나라가 불과 50년 뒤 세계 10위권의 경제 규모를 갖고 올림픽·월드컵을 성공적으로 치러낸 곳으로 성장했다. 게다가 오는 11월에는 세계 경제질서를 이끌고 있는 국가들의 모임인 주요 20개국(G20) 정상회의까지 주최하는 나라가 됐다.

이와 같은 대한민국의 성공신화는 무엇보다 활발한 기업가 정신이 견인차 역할을 했기 때문에 가능했다. 피터 드러커가 '넥스트 소사이어티(2002)'에서 "기업가 정신이 1등인 나라는 한국"이라고 극찬한 바로 그 정신, "해봤어?"로 대변되는 불굴의 도전정신 말이다.

그러나 어느새 우리 경제는 몸집은 커졌지만 정신이 나약해지기 시작했다. 기업가 정신은 사업체 수, 설비투자 및 민간연구개발비가 얼마나 늘었는지 여부로 측정할 수 있다고 한다. 1970년대에는 이들 세가지 요소 증가율의 평균인 기업가 정신 지표가 70%를 넘기도 했는데 1980~1990년대를 지나며 점차 위축되더니 2000년대 이후에는 한자릿수로 떨어지는 지경에 이른 것이다. 우리가 지난 10여 년간 1인당 국민소득 2만 달러 언저리를 벗어나지 못하고 있는 원인도 바로 기업가 정신의 쇠퇴에서 찾을 수 있다.

브라운은 비단 육체적 장애만을 극복했다고 생각되지 않는다. 육체적 장애에 굴복하는 정신의 장애를 이겨냈기 때문에 '세 손가락의 브라운' 신화를 창조할 수 있었을 것이다. 지금 우리에게 절실히 필요한 것은 바로 그의 도전정신과 같은 뜨거운 기업가 정신이 아닐까 한다.

비즈니스에
영원한 적은 없다

삼성과 소니는 전자업계의 대표적인 라이벌이다. 양 사는 2003년 LCD 합작사인 S-LCD를 설립한 바 있다. LCD TV시장에서 경쟁 관계에 있지만 합작사 설립을 통해 시너지 효과를 노렸던 것이다. 두 회사는 서로의 핵심 기술을 공유함으로써 고품질의 LCD 패널을 생산해 혁혁한 성과를 낼 수 있었다.

글로벌 경쟁시대, 어제의 동지가 오늘의 적이 되거나 어제의 적도 기업의 경쟁력 향상에 도움이 된다면 과감하게 손을 잡는 시대로 바뀌고 있다.

삼성전자와 애플은 스마트폰으로 대변되는 모바일 기기 부문에서 경쟁 관계에 있다. 최근 4개 분기만 봐도 양 사는 스마트폰 시장 최강자의 자리를 놓고 치열한 경쟁을 벌여왔다. 작년 4분기에는 애플이 시장점유율 1위를 차지했지만 불과 한 분기 만에 삼성이 애플을 제치고 선두 자리를 탈환하기도 했다.

최근 애플은 삼성전자가 디자인, 사용자환경(UI) 등 지적재산권을 침해했다고 주장하며 소송을 제기했다. 이에 삼성도 적극적으로 맞대응에 나서면서 두 회사는 현재 세계 10여 개국에서 30여 건의 법정 공방을 이어나가고 있다.

하지만 양 사는 법정에서의 치열한 소송 전쟁과는 별개로 부품 분야에서는 돈독한 협력 관계를 맺고 있다. 삼성이 애플에 핵심 부품을 공급하고 있기 때문이다. 업계에서는 올해 삼성전자가 애플에 최대 110억 달러(약 12조 원)의 부품을 공급할 것으로 전망하고 있다. 동종 업계에서 치열한 경쟁 관계에 있는 기업 간에 손을 잡는다는 것이 다소 이상하게 보일 수도 있다. 과연 소송을 벌이고 있는 삼성전자와 애플의 어색한 동거는 언제까지 지속될 수 있을까.

위 질문에 대한 대답을 확실히 할 수는 없다. 하지만 분명한 것은 적과의 동침 사례는 이 외에도 많다는 것이다. 100년 앙숙 관계인 미국의 포드와 GM도 2008년 금융위기 당시 협력 관계를 맺었고, 최근 일본 전자업계 라이벌인 소니와 파나소닉도 기술개발 제휴를 위한 협상을 진행하고 있다. 비즈니스 세계에는 영원한 적도, 영원한 동지도 없다. 치열한 글로벌 경쟁 속에서 살아남기 위해서는 인식의 전환이 필요하다. 경쟁력이 떨어지는 기업은 생존하기 힘든 시대가 됐기 때문이다. 미국 경제전문지 「포춘」이 매년 발표하는 미국의 100대 기업 가운데 47곳이 지난 10년 사이 (2000~2010년) 순위 밖으로 밀려났다. 지난 100년 동안 100대 기업 자리를 계속 유지한 곳은 GE뿐이었다.

기업이 장기간 성장세를 유지하기란 매우 어렵고, 시장의 변화를 따라가지 못하는 기업은 생존할 수 없는 냉혹한 현실을 짐작케 한다. 경쟁을 통해서만 성장하는 데는 한계가 있다. 약육강식, 적자생존식 경쟁은 한쪽의 파멸을 부를 뿐이다. 이제는 같은 시장을 놓고 다투는 경쟁사와도 필요하다면 협력 관계를 맺는 것도 주저하지 말아야 한다. 기술제휴, 공동생산 등 기업 간 협력은 개별 기업의 경쟁력뿐만 아니라 산업 경쟁력 향상에도 도움이 된다.

대기업과 중소기업 관계도 마찬가지다. 서로 협력하면 많은 것을 얻을 수 있다는 인식 아래 상생 발전의 틀을 다져야 한다. 대기업과 중소기업 간에도 적과의 동침이 보다 활발해져야 상생의 미래를 만들어갈 수 있다. 자기 혼자 모든 것을 할 수 있다고 생각하는 것은 글로벌 시대에서 패배로 가는 지름길이다. 업종과 영역을 초월해 상대방의 장점을 활용해 나의 단점을 보완함으로써 서로의 이익을 극대화할 수 있는 방안을 고민할 때다.

정책당국도 기업들이 유기적으로 협력하면서 상호 발전하는 선순환 체계를 정착시킬 수 있도록 제도적 · 정책적 지원을 고민해야 한다. 슘페터가 말한 창조적 파괴가 활발하게 일어날 수 있도록 여건 조성이 시급하다.

오월동주(吳越同舟)라는 말이 있다. 서로 미워하면서도 공통의 어려움이나 이해에 대해서는 협력하는 경우를 비유하는 말이다. 이제는 치열한 경쟁 속에서 어제의 동지가 오늘의 적이 되는 수준을 넘어 동지이면서 적과 함께하는 시대이다. 우리 기업들도 필요하다면 적과도 과감히 동침해야 할 것이다.

창업대국 대한민국

"강남 한복판에 봉제공장을 세우는 것이 꿈입니다."

"창업을 위해 대학 졸업 후 39세가 될 때까지 창업수업을 거쳤습니다."

평생 사업을 일궈온 두 분의 기업인으로부터 들은 말이다. 기업인 특유의 열정, 정신이 묻어난다. 새삼 기업가 정신을 언급한 것은 경제 상황이 그리 만만한 경우가 아니기 때문이다.

미국·유럽의 재정위기 등 대외적 불안 요인뿐 아니라 국내에도 청년실업, 양극화, 잠재성장률 저하 등의 문제가 이어지고 있어 기업가 정신이 절박한 상황이다. 과거 우리 경제사에서 기업가 정신은 빼놓을 수 없는 항목이었다. 무에서 유를 창조하는 도전정신과 국가경제에 이바지하겠다는 일념은 오늘의 삼성·현대·LG·포스코를 있게 했고 나아가 '한강의 기적'을 만들어냈다.

그러나 안타깝게도 우리나라의 기업가 정신은 점차 약화되고 있다. 한 컨설팅 회사가 32개국을 대상으로 평가한 기업가 정신 순위에서 우리나라는 지난 2009년에 16위로 조사됐다. 2000년 11

위에 비해 5단계 하락한 순위다. 기업가 정신이 약화된 데는 유망한 투자처를 찾기 힘든 점, 안정 위주의 보수적인 사회풍토, 창의성과 도전의식을 키우는 교육의 미흡, 각종 규제 등이 복합적으로 작용하고 있다. 특히 중소기업의 경영여건 악화 원인을 대기업에서만 찾는 경우가 많다 보니 기업 전반에 대한 부정적인 인식이 확산될 조짐을 보이고 있어 우려가 된다. 기업가 정신이 발휘될 수 있도록 기업하기 좋은 환경을 만들어야 한다. 기업가의 열정을 저하시키는 규제는 줄이고 실패 후 재기할 수 있는 기회를 가질 수 있도록 제도를 보완해야 한다.

실패 없는 성공은 없다. 기업과 기업가를 긍정적으로 보는 사회 분위기 조성을 위해서 자라나는 세대들에게 교육이 강화돼야 한다. 2012년 하반기에 설립 예정인 이공계 대학생의 기업가 정신 고취를 위한 이공계 기업가교육센터와 같은 기구를 확대할 필요가 있다.

최근 2013년부터 고등학교 경제교육을 대폭 축소한다는 내용이 보도돼 한 차례 논란이 인 적이 있다. 2009년 정부가 경제교육의 강화를 위해서 '경제교육지원법'을 제정했는데 취지에 어긋나지 않도록 초·중·고등학교에서의 경제교육을 확대해야 한다. 오늘날 각국 정부는 기업가 정신을 고양시키기 위해 노력하고 있다. 미국 오바마 대통령도 '창업국가 미국(Start-up America)'을 국가비전으로 제시했고, 유럽연합(EU)은 기업가 정신 활성화를 위한 10대 강령을 발표했다. 모두가 똘똘 뭉쳐 '창업대국 대한민국'을 만들어야 할 때다.

모멸감이라는 친구

'맥박과 혈압이 빨라진다. 근육이 수축되면서 머리가 쭈뼛쭈뼛 서는 것 같다. 숨은 가빠지고 이마에 땀방울이 송골송골 맺히기 시작한다.'

100미터 스타트라인에서 출발 준비를 하고 있는 육상선수들에게서나 볼 수 있는 증상이지만 우리가 모멸감을 느꼈을 때 나타나는 현상이기도 하다. 누구나 겪지만 경험하기 싫은 순간이다. 대부분 사람들은 그저 불쾌하고 짜증 나는 일쯤으로 여기고 다시는 생각하지 않으려 한다.

세계적인 최고경영자(CEO)로 아이폰의 주역인 스티브 잡스도 본인이 설립한 회사에서 해고 통지를 받는 아픔을 겪었다. 애플 창립자로서 하루아침에 경영 일선에서 물러나게 됐을 때 그는 심한 모멸감을 느꼈다고 한다. 심지어 언론들까지 '사기꾼'이라고 조롱했다.

스티브 잡스는 좌절하지 않았다. 오히려 해고 이듬해 바로 루커스필름으로 달려가 컴퓨터그래픽 부문을 사들여 지금의 '픽사

(Pixar)'를 설립하는 의욕을 보여줬다. 이후 픽사의 경영위기가 수차례 닥쳤지만 그때마다 '영원히 남을 무언가를 만들어내겠다'며 마음을 다잡았다고 한다. 해고된 지 10년이 지나 잡스는 애니메이션 '토이스토리'라는 대박작품을 만들어내 세간의 주목을 받기 시작했고 이는 다시 애플사 CEO를 꿰차는 계기가 됐다.

잡스는 해고 당시를 회고하면서 "누가 내 배를 후려쳐 기절한 기분이었다. 매우 쓴 약이었지만 내게는 정말로 필요한 약이었다. 돌이켜보면 해고당할 당시가 내 인생 최고의 순간이었다"고 전하기도 했다.

사실 이런 사례는 우리 기업사에서도 쉽게 찾아볼 수 있다. 한국전쟁 후 불모지나 다름없던 산업 여건에서 오직 할 수 있는 것이라곤 남의 상품을 베껴 팔거나 반제품을 수입해 단순 조립하는 것밖에 없었다. 수출역군을 외치며 비행기에 오른 기업인들은 해외 바이어들에게 '한국 제품은 싸구려'라는 핀잔을 듣기 일쑤였다.

그러나 모멸감에 좌절하는 기업인은 없었다. 되레 중국 월나라 구천이 패전의 굴욕을 되새겼던 것처럼 '와신상담(臥薪嘗膽)'의 자세로 품질혁신 의지를 다졌다. 또 이들의 도전 의지는 한국 기업 특유의 기업가 정신으로 거듭나 세계 최고 수준의 반도체, 자동차, 선박을 만드는 기업을 탄생시키기에 이르렀다. 물론 모멸감을 성공의 원동력으로 만든 도전의 60년 기업사 덕분에 우리는 단숨에 선진국 문턱까지 올 수 있었다.

길을 걷다보면 오르막과 내리막이 있듯이 우리 인생에도 여러 굴곡이 있게 마련이다. 때로는 모멸감이라는 별로 반갑지 않은 친구와도 마주치게 된다. 애써 외면하려고만 하지 말고 지름길로 안내하는 좋은 친구로 만들어보는 것은 어떨까 싶다. 자신의 상황을 냉철하게 둘러보고 부족한 점을 발견하면 그것이 바로 성공의 첫 주춧돌을 쌓는 시작이 될 수 있을 것이라 믿는다.

즐거운 직장,
감성경영의 힘

"오, 신이시여 눈부시게 아름다운 무대입니다."

2010 밴쿠버 동계올림픽에서 김연아 선수의 피겨 스케이팅 연기를 보던 미국 NBC 해설진은 진심 어린 찬사를 보냈다. 김연아 선수의 연기가 단순히 놀라움을 넘어서서 감동을 불러일으켰기 때문이다. 고난도 기술에 그녀의 섬세한 감정 표현이 어우러져 보는 이들의 '감성'을 자극한 것이 아닐까 싶다.

'감성'이 우리 시대의 중요한 화두로 떠오르고 있다. 감성지수(EQ)의 창시자로 잘 알려진 미국 심리학자 대니얼 골만은 "인간은 이성적인 설득만으로는 한계가 있으며 감성에 호소해야만 변할 수 있다"고 강조했다. 논리적이고 분석적인 판단보다 감동을 주는 말이나 행동에 더 많은 영향을 받는다는 것이다.

기업경영에도 감성을 도입하는 사례가 많이 나타나고 있다. 사우스웨스트항공사는 'Fun 경영'으로 직원들이 재미있게 일할 수 있는 분위기를 만들어 성공을 거둔 경우다. 사우스웨스트의 이러한 경영방식은 46분기 연속 흑자를 기록하는 등 높은 기업성과로 이어졌다. 감성의 가치를 일찍부터 간파해 성공신화를 이룬 애플의 사례도 눈여겨볼 만하다. 애플은 기술개발에 앞서 고객들의 감각적 욕구를 만족시킴으로써 제품 차별화를 이끌어냈다. 그 결과 세련된 디자인과 감각적 터치, 다양한 콘텐츠로 소비자의 흥미를 유발해 전세계에 '애플 신드롬'을 불러일으켰다.

최근 들어 우리 기업들도 이 같은 '감성경영'에 많은 노력을 기울이고 있다. 임원들이 직원들과 함께 와인파티나 영화관람 등을 통해 교감을 나누는 모습은 그리 드문 풍경이 아니다. 또한 트위터·블로그를 통해 직원은 물론 소비자와 직접 소통해 고객감동을 실현하는 최고경영자(CEO)들도 자주 접할 수 있다.

하지만 아직도 감성경영이 업계 전반으로 확산되지는 못하고 있는 것 같다. 감성경영을 위해서는 감성적 리더십으로 직원들의 자발적 참여와 분발을 이끌어내는 것이 중요하지만 톱다운(Top Down)식 의사결정 방식과 관료주의적 조직문화가 우리 기업에 여전히 뿌리 깊게 남아 있는 점이 하나의 원인이 아닐까 싶다.

일방통행식의 경직된 기업풍토에서는 조직구성원의 창의성과 감성능력이 발휘될 수 있는 여지가 적어 빠르게 변화하는 고객들의 니즈를 충족시키기 어렵다. 또한 직원들이 자신의 일을 통해 성취감과 만족감을 느끼는 것도 힘들어질 수밖에 없다.

감성경영을 미래 기업경쟁력의 한 요소로 바라보는 안목이 필요하다. 개방적 감성 마인드를 바탕으로 직원들의 창의성과 고객감동을 함께 추구하는 감성경영이 우리 기업에 뿌리내릴 수 있기를 기대해본다.

표트르 대제의 '수염세'

"표트르 대제가 꺼내든 카드가 이른바 '수염세'였다. 수염세 도입 7년, 주류사회에서 턱수염은 자취를 감췄다고 한다. 옳고 그름을 떠나 세금 체계가 한 사회를 송두리째 바꿔놓을 수 있음을 보여준 대표적인 사례다."

표트르 대제의 수염세

"수염을 자릅시다."

17세기 러시아 황제 표트르 1세 때의 이야기다. 표트르 대제는 유럽에 비해 경제적으로 뒤떨어진 러시아를 발전시키려면 유럽 문물을 적극적으로 받아들여야 한다고 판단했다. 유럽화 정책의 첫걸음은 후진성의 상징인 긴 수염을 자르자는 것이었다.

그러자 귀족과 교회들은 "하느님이 주신 신성한 수염을 깎을 수 없다"면서 일제히 반발하기 시작했다. 이때 표트르 대제가 꺼내든 카드가 이른바 '수염세'였다. 수염을 기르려면 해마다 100루블씩 내야 한다는 것이다. 이렇게 시작된 수염세 도입 7년, 주류사회에서 턱수염은 자취를 감췄다고 한다. 옳고 그름을 떠나 세금 체계가 한 사회를 송두리째 바꿔놓을 수 있음을 보여준 대표적인 사례다.

최근 우리 사회에서도 '법인세 인하가 부자감세인가'를 두고 갑론을박이 벌어지고 있다. 우선 부자감세론자들의 이야기를 들어보자. 이들은 법인세율 인하가 대기업에만 혜택이 돌아가는 '부자감세'라고 주장한다. 실제로 2008년 법인세는 39만8000여 개 기업이 신고했는데, 이 중 과세표준 2억 원을 초과하는 기업은 4만여 개로 10%를 조금 넘는다고 한다. 쟁점이 되고 있는 법인세율 인하의 1차 수혜자들이 이들일 테니 자료만 보면 법인세율 인하는 일부 대기업의 세부담만 덜어주는 것처럼 보인다. 여기에 과거 몇 년간 경기가 좋지 않아 세수가 제자리걸음을 면치 못하는 반면 쓸 곳은 늘고 있다 하니 재정건전성을 우려하는 목소리가 공허한 주장만은 아닌 듯하다.

그렇지만 이에 대한 필자의 생각은 확고하다. 사실 감세정책이란 납세기업의 부담을 덜어 기업의 활력을 북돋워주자는 것이다. 기업 활력이 생기면 경제 전반적으로 투자와 고용을 더 많이 이끌어낼 수 있고 이는 국민 전체의 혜택으로 돌아간다.

재정건전성의 경우에도 시야를 확대할 필요가 있다. 경제협력개발기구(OECD) 21개국의 1990년대와 2000년대 상황을 비교해보니 법인세율은 5.6퍼센트포인트 인하됐지만 법인세수가 국내총생산(GDP)에서 차지하는 비중은 오히려 0.9퍼센트포인트 증가했다. 감세를 통한 기업 활력이 경제성장을 이끌고, 이는 세원을 확대시켜 장기적으로 더 많은 조세수입을 가져다줄 수 있는 것이다.

홍콩, 대만, 싱가포르 등과의 투자경쟁 방정식도 생각하지 않을 수 없다. 국제경쟁 시대에 이들 국가의 법인세 16~17%를 뒤로 하고 24.2% 세금을 선뜻 내면서까지 한국에 공장을 짓겠다는 글로벌 기업은 찾기 어려워 보인다. 달리 보면 한국에 정착한 기업들 역시 올해 법인세를 대폭 낮춘 대만에 빼앗길 수 있다.

정책의 신뢰성도 중요하다. 법인세율 인하는 당초 올해부터 시행하기로 했던 것을 작년 말 국회에서 2년간 유예시킨 것이다. 그런데 이번에 인하 자체를 취소하면 기업 의욕이 떨어지는 것은 물론 우리나라 조세정책에 대한 믿음도 무너질 것이다. 납세자들의 혼란이 가중되면서 향후 국가 운영에 복병으로 작용할 수 있다. 부자 감세 논쟁에 대한 우리 국민의 현명한 선택이 필요한 때다.

버핏과 여비서,
한국서 세금 낸다면

"나는 고작 17%를 세금으로 내는데 여비서는 더 높은 세율이 적용된다."

지난해 8월 '투자의 달인'으로 통하는 워런 버핏이 뉴욕 타임스 기고를 통해 한 말이다. 20여 년간 비서로 일해온 데비 보사네크가 두 배나 높은 소득세율을 물어야 하는 미국 세제의 불합리성을 꼬집은 것이다.

버핏의 발언 이후 미국은 이른바 '버핏세' 논란에 휩싸였다. 버핏과 버락 오바마 대통령은 '보사네크 사례'에 대한 개선을 주장했고, 그녀는 불공정한 미국 조세제도를 상징하는 인물로 부각됐다. 최근 오바마 대통령이 '공정성'을 강조한 신년 국정연설장에서도 보사네크는 초청 방청객으로 스포트라이트를 받았다.

버핏이 밝힌 바에 따르면 그는 소득의 17%를 소득세로 납부하고 있는 반면, 비서인 보사네크는 소득의 35%를 소득세로 납부한다. 이처럼 버핏과 같은 수퍼 부자가 일반 근로소득자보다 세부담이 낮아지게 된 것은 소득 종류에 따라 과세 처리가 다른 미국의 소득세법 때문이다.

미국은 근로소득에 대해 10~35%의 세율로 과세하지만 자본소득에 대해서는 5~15%의 낮은 세율로 과세한다. 자본에 대한 고율 과세는 국내 자본의 이탈과 이자율 상승을 가져와 경제성장에 부정적인 영향을 미칠 수 있기 때문에 자본소득에 대한 세제 우대 정책을 실시하고 있는 것이다.

이렇듯 미국의 소득세제가 자본소득을 우대하고 있다 보니 주식 배당으로 상당액을 벌고 있는 버핏보다 근로소득자인 비서가 두 배나 높은 소득세율을 부담하는 상황이 발생한 것이다. '버핏세로 자본소득을 추가적으로 과세해야 한다'는 주장이 제기된 대목이다.

그런데 "자본소득세율을 인상해야 하는가"의 논란은 한국으로 건너오면서 "소득세율을 인상해야 하나"라는 일반적 증세론으로 변형됐다. 실제로 지난해 마지막 날 우리 국회는 '한국판 버핏세'라며 3억 원을 넘어서는 소득세 과세표준 구간을 신설하고 소득세 최고세율도 35%에서 38%로 올리는 개정안을 전격 통과시켰다. 과세표준이 3억 원을 초과하는 근로소득자는 올해 더 많은 세금을 내야 한다는 것이다. 귤이 회수를 건너 탱자가 된 격이다.

사실 한국은 미국과 조세제도 체계부터가 다르다. 우리는 이자와 배당소득 합계가 4000만 원을 초과하면 납세자의 근로소득, 사업소득 등 다른 소득과 모두 합산해 6~38%의 누진세율을 적용한다. 다시 말해 소득 종류에 상관없이 동일한 세율을 적용하는 형태이다. 따라서 한국의 소득세법에 따라 세금을 납부한다면 배당소득이 많은 버핏은 38%의 세금을 낼 것이고, 보사네크는 20%대의 세금을 내지 않을까 생각된다.

아울러 우리는 소득이 많을수록 세금 부담이 무거워지는 누진적인 세금 구조를 갖고 있다. 최상위 1% 근로자가 내는 소득세 규모를 따져봐도 우리나라는 36%에 달해 미국(37%)·영국(26%) 등에 비해 결코 작지 않다. 상위 10%가 내는 세금도 전체의 78%에 이르고, 우리 근로자의 40%는 소득세를 한 푼도 내지 않고 있다.

그렇다면 우리 소득세제는 어떤 식으로 손을 봐야 할까. 필자의 생각은 이렇다. 우선 물가상승률이나 경제성장률 등을 반영하고 있지 못한 과세표준 구간부터 조정해주는 것이 맞다. 우리 소득세 과세표준 구간은 1996년에 정해진 뒤 2007년까지 11년간 변동 없이 유지되다가 2008년에 들어 '8000만 원 초과'였던 것을 '8800만 원 초과'로 소폭 조정한 데 그쳤다. 1996년 이후 14년간 1인당 국민총소득이 2배 이상 오른 것과 비교하면 조정 폭이 턱없이 좁았다. 그 결과 명목소득 증가로 높은 세율 구간으로 이동해 세부담이 증가한 근로자나 자영업자가 적지 않았다.

40%에 달하는 소득세 면세자 비율도 축소해야 한다. 주요 선진국은 소득세를 안 내는 근로자가 20~30%로 우리나라보다 훨씬 낮다. 납세는 국민의 가장 기본적인 의무인 만큼 특정 계층에 소득세 부담을 가중시키는 것보다는 소득세를 납부하는 국민이 많아지는 것이 바람직하다.

프랑스 루이 14세 때 재상이던 콜베르는 "조세징수 기술이란 거위털을 뽑는 기술과 같다"고 했다. 거위가 소리를 가장 작게 지르게 하면서 털을 가장 많이 뽑는 것이 훌륭한 조세징수 기술이라는 것이다. 거위의 깃털을 뽑는 과정에서 거위를 함부로 다루면 거위는 소리를 지르거나 달아나버린다. 또 특별히 깃털이 잘 자라는 부분이 있다고 해서 집중공략하면 그 부분은 머지않아 불모지가 될 수도 있다.

조세정책은 충분한 사회적 논의와 역사적·문화적 특성을 고려해 입법화돼야 한다. 소수의 특정 계층에 대한 징벌적 과세가 아니라 '낮은 세율, 넓은 세원'이라는 조세의 대원칙이 지켜졌을 때 기업과 국민은 정부의 세수 확보에 적극 일조할 것이다.

부자감세 논란과 기업가 정신

　최근 일부 대기업의 영업이익이 사상 최고를 기록하고 있지만 많은 중소기업은 경기회복의 온기조차 제대로 체감하지 못하고 있다. 이런 가운데 야당은 2012년까지로 연기된 법인세 인하 계획을 아예 백지화하는 법안을 발의했다.

　그런데 대기업들로서는 수출을 많이 해 막대한 흑자를 거둔 것이 사회적인 비난의 빌미가 된 셈이라 곤혹스러울 것으로 짐작된다. 물론 대기업의 최근 어닝 서프라이즈는 환율이 올라 수출채산성이 높아지고 많은 중소 협력업체들이 좋은 부품을 만들어준 덕분이다. 그렇지만 대기업들이 세계시장의 강자로 우뚝 서게 된 가장 큰 원동력은 신기술 개발에 박차를 가하고 선제적 시설투자를 감행한 기업가 정신에 있다. 특히 일부에서 중소기업의 어려움을 들어 대기업을 협력업체의 고혈을 쥐어짜는 악덕업체로 몰아가는 것은 안타까운 일이다. 실제 현실과 다를 뿐 아니라 자발적 상생협력 풍토를 위축시킬 수 있기 때문이다. 대기업들 사이에서는 최근 몇 년간 협력업체에 대한 기술개발과 품질인증, 판로개척과 현금결제 등의 지원을 약속하는 내용의 협약을 체결하고 이행하는 등 상생협력에 힘쓰는 풍토가 조성되고 있다. 따라서 문제 사례를 발굴해 매도하기보다는 자발적인 상생협력에 나서도록 격려해주는 것이 바람직하다.

대기업들이 이익을 많이 냈는데 왜 세금까지 깎아주려 하느냐며 법인세 인하를 부자감세로 몰아가는 일 또한 안타깝기는 마찬가지다. 기업 입장에서는 이익을 내느라 공연한 고생을 자초했다 싶을 수 있다. 27개 유럽연합(EU) 회원국들은 지난 10년간 법인세율을 8.7%포인트 인하해 평균 23.2%로 낮췄지만 그 어디서도 부자감세정책을 폈다고 비난하는 목소리는 들리지 않는다. 상속세 문제 역시 부자감세의 측면보다 기업의욕 고취 차원에서 바라볼 필요가 있다. 현행 상속세 최고세율은 50%인데 주식을 물려줄 경우에는 최고 30%까지 할증평가해 무거운 세금을 물리고 있는 실정이다. 2대, 3대를 이어가며 기업을 키우는 장수 회사가 많이 나와야 산업의 토대가 튼튼해질 수 있는데 부자감세라는 비판에 막혀 정책이 제자리걸음을 하지나 않을까 걱정이다.

한국 사회는 좌우 대립에 따른 불행한 경험을 했으며 지금도 각계각층 사이에 갈등의 골이 깊다. 대기업과 중소기업까지 이분법적으로 나눠 대립관계를 형성하는 일은 피해야 한다. 둘로 나누어 대립 구도로 보지 말고 통합해 유기적인 관계로 보는 안목이 필요하다. 그래야 대기업이 중소기업과 동반 성장을 추구하고 있으며, 녹색산업 등 신성장동력에 과감히 투자하는 모습을 인식하고 격려해줄 수 있다. 일자리와 세수를 늘리는 일은 기업활동이 활발하게 이뤄질 때 자연스럽게 달성될 수 있다. 법인세율은 예정대로 인하하고 기업의욕을 꺾는 상속세 부담도 합리적 수준으로 낮추는 것이 바람직하다.

물이 낮은 곳으로 흐르듯 자원도 부유층과 대기업, 수출기업 같은 풍요 부문으로부터 서민층과 중소기업, 내수기업과 같은 취약 부문으로 흐르게 마련이다. 경제에 활력이 살아나면 자원배분 흐름이 활성화돼 투자와 고용이 늘고 기업 실적과 세수 증대로 연결된다. 경제의 이 같은 선순환은 기업가 정신을 고취함으로써 고조되며, 인위적으로 자원배분을 하려 들면 정상적인 흐름마저 막힐 수 있다. 기업가 정신을 북돋워주는 풍토가 조성되고, 대기업들도 투자와 일자리 창출, 대·중소기업 상생협력, 소외부문에 대한 나눔경영 등 기업의 사회적 책임을 기업의 소명으로 받아들여 보다 적극적인 실천에 나서 주기를 기대한다.

'요람에서 무덤까지'
이젠 옛말

'요람에서 무덤까지'라는 유명한 슬로건이 있다. 제2차 세계대전 후 영국 노동당이 완벽한 사회보장 실시를 주장하며 내세운 것으로 이후 이상적인 국가 모델이자 선진국가가 지향해야 할 목표가 되었다.

하지만 오늘날 이 슬로건은 옛말이 됐다. 영국은 대처리즘을 통해 고복지·저효율로 대표되는 영국병을 치유하는 진통을 오래전에 겪었고, 복지국가의 대표주자라 할 수 있는 스웨덴도 각종 개혁을 통해 복지혜택을 줄여나가고 있다.

최근 우리 정치권을 보면 경쟁적으로 복지정책을 내놓고 있다. 내년에 치러질 국회의원과 대통령 선거에 앞서 복지 관련 이슈를 선점하기 위해서다. 이대로 가면 '요람에서 무덤까지'라는 슬로건이 부활할 기세다.

복지혜택을 싫어할 사람은 없다. 문제는 재원 조달이다. 복지 확대를 위해서는 많은 예산이 필요한데 이를 어디서 조달할 것인가 하는 문제를 해결해야 한다. 구체적인 방안 제시 없이 유권자 표만을 의식해 복지정책을 남발한다면 포퓰리즘이라 할 수 있다. 자칫 지금 거론되고 있는 여러 정책들이 복지 포퓰리즘으로 전락하지 않을까 염려된다.

추가로 필요한 복지예산이 어디서 갑자기 생길 리는 만무하고 세금을 더 걷거나 미래 세대에 빚을 떠넘겨야 한다. 일부 정치권에서는 국민이 반감을 가질 수 있는 증세나 국가부채 증가 대신 법인세·소득세율 인하 철회, 각종 조세감면 축소 등을 전면에 내세우기도 한다. 우회적으로 표현했지만 결국은 더 많은 세금을 징수하겠다는 것이고 대부분 기업에 초점이 맞춰져 있다.

하지만 이런 방안이 세수 증대에 과연 도움이 될지 의문이다. 세율을 높이고 조세 관련 혜택을 축소한다 해도 기업의 성장 둔화로 이익이 줄어든다면 전체 세수는 오히려 줄어들 것이다. 또한 여기에 머물지 않고 더 좋은 여건을 찾아 국외로 공장을 이전하는 기업이 속출하고 국내 투자와 고용이 감소한다면 상황은 더욱 나빠질 것이다. 기업가 정신은 쇠퇴할 것이고 기업 경쟁력은 물론 우리나라 성장 잠재력도 훼손될 것이다.

지금 세계는 자국 기업의 대외 경쟁력 확보와 외국 기업 유치를 위해 친기업 환경조성에 적극 나서고 있다. 그중 규제완화와 함께 가장 중점을 두고 있는 것이 세율 인하다. 대만, 싱가포르, 중국 등 아시아 경쟁국들은 이미 법인세율 인하를 단행했고 OECD 국가들도 경쟁 대열에 합류하고 있다. 버락 오바마 미국 대통령은 올해 초 국정연설에서 25년 만에 처음으로 법인세를 인하하겠다는 의사를 밝히기도 했다.

증세를 통한 추가 복지재원 확보가 여의치 않다면 국채를 발행하든지 아니면 다른 곳에 사용할 예산을 전용해야 한다. 예산을 전용하면 당초 계획한 사업은 무산되거나 지체될 수밖에 없는데, 국가 인프라스트럭처 구축을 위해 꼭 필요한 SOC 같은 사업도 축소가 불가피해진다.

다른 방안인 국채 발행은 국가부채 증가로 연결된다. 우리나라 국가부채비율이 여타 선진국에 비해 높은 편은 아니지만 대내외 환경은 그리 우호적이지 않다. 빠른 저출산·고령화 추세를 고려해야 하고 무분별한 복지정책이 가져올 도덕적 해이도 경계해야 한다.

복지는 시행하기는 쉽지만 축소하기는 매우 어렵다. 유럽 국가들이 재정적자 해소를 위해 복지혜택을 줄이자 이에 반대하는 파업과 시위가 곳곳에서 이어진 것을 봐도 알 수 있다. 그렇다고 복지 자체를 반대하거나 축소하자는 것은 아니다. 우리 상황과 여건에 맞게 확대해나가자는 것이다. 복지만 선진국을 따라 하다 추락한 남미국가의 전철을 밟아서는 안 될 것이다. 진정한 복지는 성장을 통해 일자리 창출과 부의 재분배가 이루어지는 지속 가능한 복지라고 생각한다. 이를 실현하기 위해서는 무엇보다 기업하기 좋은 환경을 만들기 위한 노력이 선행돼야 한다.

'법인세율 인하 = 부자감세' 아니다

　시행을 6개월여 앞둔 법인세 최고세율 인하 여부가 다시 불투명해졌다. 민주당에 이어 최근 한나라당도 법인세 감세 철회 입장을 밝혔다. 내년 선거를 앞두고 민심 잡기에 여념 없는 정치권이 무상급식, 반값 등록금 등 복지 슬로건을 앞다퉈 내세우면서 재원 조달 방안으로 법인세율 인하 취소를 거론하고 있는 것이다. 정치권의 복지 포퓰리즘 속에서 기업들은 혼란스럽고 불안하기만 하다. 법인세율 인하 방침이 2008년 국회를 통과했을 때 많은 기업인은 기업 하기 좋은 조세환경 조성에 큰 기대를 걸었다. 그런데 1년 후 세율 인하 시기가 2010년에서 2012년으로 2년간 유예된 데 이어 지난해 말부터 정치권에서 법인세율 인하 취소 주장이 제기되면서 정책의 신뢰성과 예측 가능성이 무너졌다. 기업들은 투자계획 같은 경영전략 수립에 큰 차질을 빚고 있다. 예측 불가능한 한국의 기업 환경에 돌아서는 외국 기업들도 늘고 있다.

　법인세율 인하 취소를 주장하는 쪽은 인하가 대기업에만 혜택이 돌아가는 '부자감세'라고 주장한다. 그러나 감세 목적은 기업의 부담을 덜어 투자와 고용을 늘리고, 이로 인한 경제성장의 혜택을 국민 전체가 나누어 갖자는 것이다. 일부에서는 현 정부 들어 추진한 감세정책에도 불구하고 기업들의 투자가 기대만큼 늘지 않았다고 지적한다. 하지만 감세정책은 우리나라가 글로벌 금융위기에서 빠른 속도로 회복할 수 있도록 기업들의 의욕을 북돋웠던 원동력이었다.

조세정책은 주변국과의 투자유치 경쟁에도 중요한 영향을 미친다. 세계 각국은 자국 기업의 경쟁력 확보와 외국 기업 유치를 위해 법인세율을 경쟁적으로 내리고 있다. 중국과 대만을 보자. 중국은 2008년에 법인세율을 33%에서 25%로, 대만은 2010년 25%에서 17%로 크게 인하했다. 싱가포르와 홍콩의 법인세율도 각각 17%, 16.5%로 우리나라의 24.2%(지방세 포함)보다 훨씬 낮다. 이런 상황에서 법인세율 인하가 취소되면 국내 기업들의 생산기지 해외 이전은 가속화될 수밖에 없고 외국 기업의 투자유치도 기대하기 어렵다.

소니가 삼성전자에 뒤진 배경 중 하나도 법인세다. 소니가 39.5%라는 세계 최고 수준의 법인세를 내는 동안 삼성은 24.2%의 상대적으로 낮은 법인세 부담으로 과감하고 적극적인 투자를 할 수 있었다. 높은 법인세율의 부작용을 깨달은 일본은 최근 자국 기업 경쟁력 제고 차원에서 법인세율 인하를 추진 중이다. 이런 국제적 추세 속에서 우리나라만 대내외적으로 약속한 법인세율 인하를 취소하자고 목소리를 높이고 있다.

감세를 하면 기업 경쟁력이 높아져 중장기적으로 세수 증대를 가져온다는 것은 통계적으로도 입증된 사실이다. 우리나라 법인세율은 2000년 30.8%에서 2010년 24.2%로 인하됐지만 법인세수는 19조7000억 원에서 41조 원으로 두 배 이상 늘었다. 이는 경제협력개발기구(OECD) 주요국에서도 공통적으로 나타난 현상이다. OECD 21개국의 평균 법인세율은 1990년 36.7%에서 2007년 31.1%로 내렸으나 법인세수가 국내총생산(GDP)에서 차지하는 비중은 2.8%에서 3.7%로 늘었다. 세율 인하에도 불구하고 이로 인한 경제성장이 오히려 세수를 증대시킨 것이다.

당장은 기업으로부터 더 많이 거둔 세금으로 친서민·복지 예산을 충당할 수 있을지 모른다. 하지만 경제성장으로 인한 세원 확대가 아니라 주변국보다 높은 세율로 거둬들일 수 있는 세수는 근본적으로 한계가 있다. 성장이 뒷받침되지 않는 복지정책은 부채로 지탱될 수밖에 없고 이는 결국 미래 세대가 부담해야 할 짐이 된다. 국가 전체적 차원에서 현명한 선택이 필요한 때다. 어부지리격으로 이웃나라가 웃을 일은 없어야 할 것이다.

'나의 그리스식 웨딩'은 없다

잠자리 안경에 촌티 패션의 주인공 '툴라'. 미국에 사는 이민가정임에도 불구하고 그리스 문화와 전통을 고수하는 보수적인 집안의 외동딸이다. "그리스인은 세계인을 그리스인으로 동화시켜야 한다"는 아버지의 잔소리를 들으며 가업으로 내려오는 레스토랑에서 허드렛일을 도맡고 있다.

그러던 중 서른 살 그녀에게 첫사랑이 찾아온다. 미국 청교도 집안에서 자란 남자친구에 대해 가족들은 '그리스인이 아니다'란 이유로 결혼 반대작전을 펼친다. 상견례 자리에 나타난 툴라의 대가족은 남자친구의 험담을 늘어놓는가 하면 폭탄주를 돌려 당황시키기도 한다. 결국, 세례를 통해 그리스인으로 다시 태어나는 해프닝을 치르고 왁자지껄한 그리스식 결혼식을 올리게 된다는 이야기다.

「나의 그리스식 웨딩」(2003)은 개봉 당시 그리스 문화에 대한 독특한 해석으로 평단의 호평과 흥행이라는 두 마리 토끼 모두를 잡았다는 평가를 받았다. 오랜 역사 동안 잦은 외침과 불우한 근대사를 겪었지만 지금까지도 그리스 문화를 잘 지켜온 그들의 민족성만큼은 훌륭하다는 평을 듣기 충분하다.

하지만 이러한 자존심이 자만으로 변질된 것일까? 한때 유로존에서도 가장 높은 경제 성장률을 기록했던 그리스의 현재 모습은 영화와는 많이 달라 보인다. 2009년부터 시작된 경기침체는 재정위기의 영향으로 내년에도 마이너스 성장을 이어갈 것으로 보인다. 실업률은 올 2분기 16.3%까지 치솟았다.

유럽연합(EU)과 국제통화기금(IMF)은 그리스 구제를 위해 긴급 자금 수혈에 들어갔지만 공공분야 파업과 국민 여론만 의식하는 정치인들 탓에 구조조정에 대한 성과는 회의적이다. 상황이 이렇다 보니 그리스는 이제 남유럽 재정위기의 진원지이자 글로벌 경기침체의 원인이라는 불명예를 떠안고 있다. 전문가들은 이 같은 그리스 재정위기에 대해 "자신의 능력을 가늠하지 않은 채 무분별하게 벌인 복지 정책이 주요 원인"이라고 진단하고 있다.

실제로, 관광업과 해운업이 전부였던 그리스 경제구조에서 공공분야 지출은 빠르고 효과적이었다. 공공부문 일자리가 대폭 늘어났고 전 계층에 대한 사회복지혜택 덕분에 빈부격차를 줄이는 효과까지 얻을 수 있었다.

축제는 영원할 것만 같았다. 그러나 근본적인 체질 변화 없이 지출만 늘리는 그리스 정부의 정책은 이내 한계를 드러냈다. 2001년 EU 가입 당시 국가 부채는 국내총생산(GDP)의 100%를 넘어섰다. 2005년에는 EU로부터 재정적자 축소 권고까지 받았다. 그러나 2008년 금융위기로 국가 재정은 더 악화되었음에도 사회복지 지출은 꾸준히 증가해 지난해에는 36.3%를 복지예산으로 책정하며 방만한 재정 운영을 이어갔다.

뒤늦게나마 그리스 정부는 사활을 걸고 긴축에 열을 올리고 있다. 하지만 매일같이 벌어지는 파업과 거리시위를 보면 사태해결은 쉽지 않아 보인다.

달콤한 과(過)복지의 혜택은 짧다. 하지만 그 후의 고난은 세대를 거듭하여 전가되기 마련이다. 살기 좋고 행복한 국가를 만드는 것은 국가 존재의 가장 중요한 목적이긴 하지만 한 세대의 행복을 위해서 후세대의 미래를 담보로 잡는 것은 지양돼야 한다. 무상복지 재원을 마련하기 위해 증세를 하고 우리가 누린 복지의 대가로 후손들이 막대한 세금 부담을 지는 것만은 막아야 한다는 것이다.

최근 우리 사회에도 복지의 규모와 재원을 놓고 설전이 오가고 있다. 특히 내년 총선, 대선을 앞두고 정치권의 복지 증대 요구가 거세질 것이다. 복지 자체를 반대하거나 축소하자는 것은 아니지만 우리 상황과 여건에 맞게 확대 시행해나가야 할 것이다. 미래의 성장잠재력 확충과 지속적인 성장을 통해야만 일자리 창출과 부의 재분배가 이루어진다는 점도 잊지 말아야 할 것이다. '그리스식 복지'가 훌륭한 반면교사다.

다마루야 우동가게

　일본 나리타 공항에서 버스로 세 시간가량 가면 군마현이라는 고장이 나온다. 눈이 많은 곳으로 겨울이면 스키와 온천을 즐기려는 관광객들로 북적인다. 설경과 더불어 또 하나의 자랑거리가 우동이다. 430년 전통의 '미즈사와 우동'이라는 것인데 삶은 면과 산나물을 소스에 찍어 먹는다. 깔끔한 식감으로 일본 3대 우동의 하나로 입소문 나 있다.

　지난해 군마현에서 우연히 이 우동을 맛볼 기회가 생겼다. 줄이 길게 늘어선 집의 우동이 제일 맛있겠거니 생각하고 가장 긴 대열에 합류했다. 잠시 후 종업원의 안내를 받아 고풍스러운 목조건물 안으로 들어갔다. 조용할 것 같은 외관과 달리 다다미방에 마련된 식탁에는 관광객들이 삼삼오오 모여 앉아 시끌벅적했다.

　10여 분 기다리고 나니 부채꼴 모양의 대나무 채반에 김이 모락모락 나는 면을 내왔다. 신문에서 읽은 대로 한 젓가락을 떠 소스에 찍어 시식을 했다. 보기에도 반투명하고 윤기가 흘러 쫄깃쫄깃할 것이라고 예상했지만 그 맛은 기대 이상이었다.

같은 식탁에 둘러앉은 안내원은 "다마루야 우동가게 못 들어보셨어요? 미즈사와 우동의 탄생과 함께 1582년 개업한 집이에요"라며 "한 그릇에 1000엔짜리 우동을 먹기 위해 도쿄에서도 달려오는데"라고 귀띔해주었다.

말이 430년이지 우리나라에서 이만한 업력을 가진 기업은 아직까지 들어본 적이 없다. 일본을 떠나며 장수비결에 대해 곰곰이 생각해봤다. 필자는 전통과 가업승계를 중요시하는 일본인 특유의 근성 그리고 사회 분위기에서 그 해답을 찾았다.

우선 '모노즈쿠리(物作)'. 일본 기업인은 좋은 물건을 만들겠다는 장인정신이 강해 보인다. 어떠한 경영 악재가 닥쳐도 품질로 승부하겠다는 정신이다. 그리고 이런 부모를 존경하는 후대들이 있기에 430년 전의 맛이 이어질 수 있을 것이다.

사회적으로도 국내 기업인들이 부러워할 만한 여건이 만들어져 있다. 가업승계에 대해 '부의 대물림'이라며 부정적 시선을 보내기보다는 정부가 나서서 장인정신을 보전하고 있다. 필자가 만나본 일본 기업인의 생각을 빌리면 "가업승계로 인해 중소기업이 튼튼해지면 투자와 고용이 늘어난다. 기업가치가 올라 그 혜택이 근로자, 주주, 전 국민에게 돌아간다"는 것이 기본적인 밑바탕이다.

상속세제도 그렇다. 일본은 중소기업을 자식에게 물려줄 때 과세금액의 80%까지 부담을 덜어주고 있다. 제조업 강국 독일도 가업승계자가 7년간 비슷한 고용 규모를 유지하면 상속세를 완전히 면제해주고 있다. 미국도 내년부터 세율을 35%로 낮추는 것을 검토 중이다. 최대 65%까지 상속세를 내는 우리와는 상당한 거리가 있어 보인다.

최근 우리 사회에도 '상속이 부의 대물림인가'라는 논쟁이 일고 있다. 상속에 대한 부정적인 편견을 없애는 것이 한국판 '다마루야 우동가게'의 시작이 아닌가 싶다.

밀라노의 그림자
'밀레우리스티'

이탈리아 북부에 있는 도시 밀라노는 패션과 디자인의 세계적인 중심지다. 우리나라 사람들도 하나쯤 갖고 싶어하는, 이름만 들어도 알 만한 여러 명품 브랜드의 본사가 바로 밀라노에 있다. 명품 매장이 즐비한 몬테 나폴레오네 거리와 델라 스피자 거리는 세계 각국에서 온 관광객으로 북적거린다.

밀라노는 산타마리아 성당, 스칼라 극장 등 문화유산도 풍부하다. 특히 시내 중심에 위치한 두오모 대성당은 세계에서 가장 큰 고딕양식 교회로 수많은 첨탑이 화려함을 더하고 있다. 그러나 명품 매장과 두오모 대성당의 화려한 빛조차 비추지 못하는 사람들이 있으니 바로 밀레우리스티(Milleuristi)다. 밀레우리스티는 '1000유로로 사는 사람들'이란 뜻으로 한 달에 1000유로, 우리 돈으로 150만 원 가량의 소득으로 살아가는 이탈리아 젊은이를 가리킨다.

밀레우리스티는 우리나라에서도 번역돼 나온 『1000유로 세대』에 나오는 말이다. 이 책은 밀라노를 배경으로 하고 있으며 소설

속 주인공들이 정규직 일자리를 찾아 헤매거나 임시직과 아르바이트를 전전하며 근근이 생활을 이어가고 있다는 내용을 담고 있다. 이 시대 젊은 세대의 좌절을 그린 이 소설은 이탈리아는 물론 유럽 각국에서 선풍적 인기와 공감을 얻었다. 책을 쓴 두 명의 저자 역시 소설 속 주인공들과 처지가 다르지 않아 대학을 졸업하고 서른이 넘도록 일정한 직업을 갖지 못하고 있었다.

지난봄 포르투갈 리스본에서부터 스페인 마드리드, 프랑스 파리, 그리스 아테네, 영국 런던 등지에서 유럽의 젊은이들이 광장을 점거하고 대규모 시위를 벌인 것도 일자리를 구하지 못한 데 따른 좌절과 분노가 폭발했기 때문이다. 유럽연합(EU) 통계청에 따르면 올해 7월 기준으로 이탈리아의 청년실업률이 27.8%, EU 전체로는 20.8%였다. 특히 스페인과 그리스의 청년실업률은 각각 47.3%와 43.5%에 달해 우스갯말 그대로 '이태백(이십대 태반이 백수)'이었다.

우리나라는 유럽에 비해 그나마 사정이 나은 편이다. 통계청이 발표하는 공식 청년실업률은 6%대 초반이다. 그러나 최근 한국개발연구원이 취업 의사를 먼저 묻는 방식으로 조사해보니 잠재적 청년실업률이 21%나 됐다고 한다. 기업 공채나 자격증, 공무원시험을 준비하고 있는 사람까지 실업자로 분류하는 것이 적절해 보이지는 않지만, 일을 하지 않는 젊은이가 그만큼 많다는 뜻이다. 최근 선거에서 20~30대가 보인 표심 또한 일자리를 충분히 만들어내지 못한 기성세대에 대한 불만의 표시가 아닌가 한다.

내년 양대 선거를 앞두고 정치권에서는 복지가 최대 이슈로 부각

되고 있지만 일부 유럽 국가에서는 무리한 복지정책 때문에 나라 살림이 결딴나서 기존 일자리마저 줄어들게 생겼다. 나눠먹기식이나 퍼주기식 복지는 해답이 될 수 없다는 교훈이다. 지속 가능한 복지는 결국 일자리에서 찾아야 한다.

미국 의회가 한·미 자유무역협정(FTA)을 신속히 비준한 것이나 그 직후 한·미 정상이 디트로이트를 방문한 것은 이 협정이 가져올 일자리 창출 효과를 염두에 뒀기 때문이다. 최고의 복지국가인 스웨덴에서도 '하고 싶은 일을 하게 하는 것'을 핵심적인 복지정책 원리의 하나로 삼고 있다.

그리스와 같이 공무원 숫자를 늘려 일자리를 만드는 것은 윗돌 빼서 아랫돌 괴는 대책에 불과하다. 일자리는 기업이 만들어야 한다. 기업이 더 많은 일자리를 만들게 하려면 결국 기본으로 돌아가 기업하기 좋은 환경을 만들 수밖에 없다.

경제계가 법인세 인하를 요구하고 규제완화를 주창하는 이유는 기업하기 좋은 환경을 만들자는 뜻에서다. 기업이 투자를 늘리고 새로운 사업에 활발히 진출할 때 고용과 세수가 늘어나는 선순환 구조가 가능하기 때문이다. 고임금을 받는 철밥통 근로자를 보호하자고 청년들이 비정규직으로 전전하거나 실업을 겪게 할 수는 없다.

기업도 사회적 책임에 더욱 관심을 가져야 한다. 기업은 주주나 직원만으로 존속할 수 없다. 소비자와 협력업체, 지역주민에 이르기까지 다양한 이해관계자를 함께 배려해야 한다. 고액배당이나 과도한 임금인상과 같이 국민의 눈총을 받는 내부 잔치를 자제하고 일자리 만들기에 더 힘써야 할 것이다.

브라질의 고성장과 사회통합을 이끈 룰라 전 대통령은 "젊은이들은 많은 걸 바라지 않는다. 희망·자존심·일자리를 원한다. 젊은이들은 좌파든 우파든 상관하지 않는다"고 말했다. 유럽의 1000유로 세대나 우리의 88만 원 세대가 바라는 것도 다르지 않다. 그들이 원하는 건 공짜로 주어지는 복지가 아니라 희망을 갖고 일할 수 있는 직장이다.

주식 양도차익 과세,
대만도 1년 만에 접었다

10.28%라는 경이적인 경제성장률을 기록했던 1989년 대만. 수출 호황으로 주식까지 급등세를 이어가고 있었다. 증시가 과열 양상을 보이자, 대만 정부는 '3개월 후부터 주식양도세를 물릴 것'이라고 전격 발표했다.

발표가 있은 후 개장 첫날 주식 전광판은 하한가를 알리는 파란색 물결이었다. 한달 동안 대만의 자취안지수는 8800에서 5500선까지 하락해 37%가량 곤두박질쳤다. 투자자들의 항의가 빗발쳤고, 대다수 투자자들은 주식 양도손실을 신고했다. 시행 1년 만인 1990년 대만 정부는 급기야 주식양도세 도입을 철회하기에 이르렀다. 아직도 대만은 우리처럼 증권거래세만을 과세해 오고 있다.

이 '주식양도세 도입'을 두고 대한민국도 논란이 한창이다. 법인세 인하 철회 논란에 이어, 정치권이 대표적 증세 방안 중 하나로 "내년부터 주식양도세를 과세하자"는 주장을 내놓은 것이다.

물론 국내총생산(GDP) 대비 시가총액, 경제인구 대비 투자자 수 등 자본시장의 성숙도와 경제력, 다른 소득과의 과세 형평성 등을 고려했을 때 주식양도세 도입은 장기적으로 검토해 볼 필요성은 있어 보인다. 그러나 주식시장 호황기도 아닌 데다 유럽 재정위기와 세계경제의 불확실성으로 주식시장의 변동성이 커지고 있는 이 시점에 굳이 주식양도세 도입을 거론해 소액투자자들의 불안감을 가중시킬 필요가 있는지 의문이다.

우리나라는 대만처럼 주식 호황기도 아닌 데다 1개월도 채 남지 않은 내년부터 당장 주식양도세를 도입하자는 논의가 진행되고 있는 상황이니 이대로 제도가 도입되면 주식시장과 투자자들의 혼란은 대만 사태보다 심하면 심했지 결코 덜하지는 않으리라 생각된다.

주식양도세 도입이 세수 확대로 귀결될 것이라는 확신도 없다. 공정한 과세를 위해서는 미국과 영국처럼 주식 양도손실의 이월공제를 장기간 허용해줘야 하고, 현재 시행되고 있는 증권거래세를 폐지해 이중과세를 방지해줘야 하기 때문이다. 또한 양도소득세는 증권거래세에 비해 세수의 변동성을 가중시킬 수도 있다. 증권거래세는 매매손익과 관계없이 양도가액을 기준으로 부과되지만 양도소득세는 주식 시황에 따라 변동성이 심할 것이기 때문이다.

성급한 제도 변화로 실패를 경험한 대만과 달리 일본은 28년간의 도입기간, 도입 이후 14년간의 과도기 등 수십 년에 걸친 점진적인 변화 과정을 거친 뒤에야 거래세 체제에서 양도세 체제로 비교적 성공적으로 전환할 수 있었다는 점에 주목할 필요가 있다.

일본은 주식 양도차익에 대해 비과세하다가 1961년부터 일부 대량거래에 소득세를 물리기 시작했다. 이후 1987년까지 비과세

범위를 점진적으로 축소한 다음 1989년부터 모든 주식의 양도차익에 대해 과세하기 시작했다. 도입까지 28년이 걸린 셈이다.

또한 1989년 전면 과세 이후에도 2003년까지는 납세자 스스로가 양도차익에 대해 신고하는 '신고분리과세' 대신 양도가액의 일정 비율을 소득으로 간주해 일정 세율로 원천징수 과세하는 '원천분리과세'를 선택할 수 있도록 했다. 원천분리과세는 실질적으로 거래세를 부과하는 것과 유사하므로 제도 변화로 인한 납세자들의 혼란과 불편함을 최소화하고자 과도기를 두었던 것이다. 결국 전면 과세 도입 이후에도 14년의 기간을 거친 뒤에야 일본은 거래세 체제에서 주식양도세 체제로 완전히 전환할 수 있었다.

주식양도세는 각계각층의 다양한 의견 수렴 및 논의 절차를 충분히 거치고 부작용에 대한 구체적인 대책을 마련한 다음 적절한 시기에 도입 여부를 결정해도 늦지 않다. 증세 논란이라는 급물살에 휩쓸려 미흡한 제도 설계안만 가지고 무리하게 추진했다가는 자칫 주식시장의 위축과 정책 실패로 인한 신인도 추락이라는 상처를 입을 수 있다. 만약 도입이 결정된다 해도 일본과 같이 장기적이고 점진적인 변화 방식을 채택하여 소액투자자의 혼란을 최소화하고 과세 당위성에 대한 국민 공감대를 유도해야 한다.

옛말에 돌다리도 두들겨보고 건너라고 했다. 하물며 돌다리인지 아닌지도 확신할 수 없는 상황에서는 더욱 신중해야 할 터이다.

알렉산더 대왕도 풀기 힘든 양극화

2008년 글로벌 금융위기의 후폭풍 속에서 고통받는 이들이 급증하면서 지구촌에 두 가지 주목할 만한 흐름이 나타나고 있다. '1% 대 99%'란 월가 시위의 표어처럼 소수 특권층 때문에 다수가 불행하다는 정치적 대립구도가 하나요, 자본주의의 새 패러다임을 모색하려는 거대담론이 다른 하나다. 후자로는 따뜻한 자본주의론이 주창되고 있으며, 세계 경제리더들의 모임인 다보스포럼에서도 모두가 불행해지는 디스토피아(Distopia)의 위험이 주요 의제 중 하나로 다뤄졌다.

양극화가 심화되고 있고 그 해법이 고민스럽기는 우리나라도 마찬가지다. 1인당 국내총생산(GDP) 2만 달러와 무역 1조 달러 시대를 열었고, 국제사회에서 제2차 세계대전 이후 경제발전과 민주주의를 모두 달성한 성공 모델로 칭송받고 있지만, 국민의 45.3%는 자신을 하층민이라 생각하고 있다. 행복지수 또한 경제협력개발기구(OECD) 34개국 중 26위에 불과하다. 실제로 체감 실업률은 11.3%에 달하고, 비정규직은 전체 근로자의 3분의 1을 상회하며 취업자의 31.3%인 자영업자들의 삶은 갈수록 팍팍해지고 있다. 단순히 상대적 박탈감의 문제로 간과할 일이 아니다. 국가경제의 성장이 구성원의 삶의 질 향상으로 연결되지 못하고 있음을 직시할 필요가 있는 것이다.

물론 정부도 이런 문제를 인식하고 일자리 창출과 대·중소기업 동반성장을 비롯한 부문 간 공존발전을 정책의 최우선 과제로 추진 중이다. 그러나 성과가 채 나타나기도 전에 성장의 열매를 극소수 계층이 독식한다고 비판하며 보다 근본적인 대책이 필요하다고 주장하는 이들이 늘고 있다. 글로벌 금융위기 극복을 위해 마련된 금융, 노동, 자유무역협정(FTA) 관련 정책들을 신자유주의로 낙인찍고 양극화 주범으로 몰아가는 분위기마저 느껴진다.

알렉산더 대왕이 고리디우스의 매듭을 단칼에 베어내듯 양극화 문제를 일거에 해결할 수 있다면 얼마나 좋을까. 실제 다수의견이 반영되는 것이 진정한 민주주의라며 선거혁명을 통해 모든 것을 해결할 수 있다고 외치는 이가 적지 않다. 그러나 다수의견이 항상 옳고 민주주의에 부합하는 것은 아니다. 포퓰리즘과 파시즘이 그 방증이다.

총선과 대선을 맞아 표심을 염두에 둔 정치권의 정책개발 경쟁이 뜨겁다. 복지의 기치 아래 부유세 신설, 재벌 개혁, 비정규직 문제 해결 등의 개혁 어젠다들이 대거 쏟아질 듯한 분위기다. 우리 사회의 양극화 해법이 대중의 눈높이에 맞춰지는 것은 아닌지 걱정스럽다. 특히 복지를 획기적으로 늘리고, 재벌을 개혁하는 식의 대책이 문제 해결에 얼마나 도움이 될지 좀 더 깊은 고민이 필요하다는 생

각이다. 그리스와 이탈리아의 재정파탄은 복지우선주의 정책의 종
착지를 보여주며, 재벌개혁은 해외 거대기업과 경쟁하는 우리 기
업에 족쇄가 될 수 있기 때문이다. 근로의욕과 기업가 정신이 쇠퇴
해 성장엔진이 부실해지면 현재의 복지 기반마저 무너질 수 있음을
유념해야 한다.

양극화 현상은 사실 정치적 이슈이기 전에 경제와 사회의 문제이
다. 해결책도 시장경제와 조화를 이루며 사회통합을 추구하는 것
이 바람직하다. 특히 경제문제에 대해서는 공정성 확보에 주안점
을 둬야지 사회적 형평성까지 강요해서는 곤란하다. 경쟁력을 상
실한 기업들을 살리려고 인위적 규제와 보호장벽을 치는 등 경제정
책을 사회보장정책으로 활용하거나, 기업 규모에 따라 투자를 제
한하고 기업에 과도한 고용책임을 부과해서는 부작용이 따를 수밖
에 없다.

한때 세계 최고를 자랑하던 유럽 정보통신업계와 일본 가전업계
가 대규모 감원을 반복하고 있다. 글로벌 산업생태계에서 애플의
혁신과 삼성의 기술력에 밀린 때문으로, 기업의 사회적 책임은 일
자리의 유지·창출이라는 점을 새삼 일깨워준다. 기업의 기운이
약해지면 사회에도 구조조정의 한파가 몰아칠 수 있다는 평범한 진
리를 무시하지 않았으면 한다.

수출과 내수, 대기업과 중소기업, 수도권과 지방경제, 그리고
계층간 불균형 등의 문제가 심화될수록 1%와 99%라는 식의 편가
르기와 재분배의 유혹에 빠지기 쉽다. 그러나 이는 한쪽 강둑이 높
다 하여 낮은 쪽에 맞추는 것과 같다. 기업으로 보면 이익을 나누

기만 하고 재투자는 하지 못하게 되는 격이다. 축소균형의 악순환에 빠져 양쪽 모두가 패배하는 하책이다. 모두가 잘사는 확대균형의 길을 가야 한다. 양극화 해법도 성장과 복지, 시장과 국가, 정부 재정의 세입과 세출이 균형과 조화를 이루며 추진되기를 기대해 본다.

복지보다 일자리 창출이 우선

임진년 새해가 밝았지만 사회 분위기는 밝고 희망차기보다 우울 모드에 빠져 있는 것처럼 느껴진다. 부쩍 추워진 계절 탓도 있겠지만 세계경제의 동반침체를 예고하는 경고음과 양극화문제 같은 해묵은 숙제들이 국민들의 피로감을 증폭시키기 때문일 것이다. 그래서인지 새로운 희망 찾아주기에 나선 정치권의 행보가 빨라진 가운데 올해 양대선거와 맞물려 복지확대론이 대세로 굳어가는 양상이다.

그러나 복지를 정책의 우선순위에 두는 것이 과연 바람직한 것인지는 의문이다. 사회안전망을 정비하고 소외계층을 돌보는 일이 덜 중요해서가 아니라 성장기반이 흔들리면 복지혜택을 오래 베풀기 힘들기 때문이다. 특히 우리 세대가 후대에 대한 책무를 다하는 것도 그에 못지않게 중요하다는 생각에서다.

미래의 주역이 되어야 할 젊은이들의 모습은 지금 어떠한가? 힘들게 대학에 진학한 후에도 직장을 얻지 못해 졸업을 늦추거나 대학원에 진학하는 것이 흔한 일이 되어버렸다. 사회에 진출하더라도 비정규직으로 비주류 인생을 살고 있는 것 또한 우리에게 익숙한 모습이다. 20대 취업자의 3분의 1이 비정규직이며 청년고용률이 40.3%로 경제협력개발기구(OECD) 국가 중 꼴찌인 나라가 바로 우리나라다. 기성세대들이 연금을 따져보며 은퇴 이후를 걱정하는 반대편에서 신진세대들은 미래에 대한 불안, 정책에 대한 불신, 그리고 기성세대에 대한 불만을 키우고 있는 모습이 작금의 슬픈 풍속도이다.

혹자는 일자리가 부족한 것이 아니라 젊은이들이 일할 마음이 없는 것이 근본적인 문제라고 말하기도 한다. 지금도 일손 부족을 호소하는 중소기업들이 많다는 점을 생각하면 일견 타당한 얘기일 수도 있다. 그러나 기성세대가 자부하는 근면과 성실의 문화는 혹독한 가난을 극복하는 과정에서 경제발전의 성취감을 통해 나름대로 보상받은 측면이 있다. 편리한 생활과 합리적 사고에 익숙한 신세대들에게 일자리가 있다는 사실만으로 만족하라는 것은 무리이다. 젊은이들의 불만을 정신자세의 문제로 치부할 일은 아닌 것이다. 사회적으로 냉소주의와 저항주의가 확산된다면 국가발전의 동력이 떨어질 수밖에 없다는 사실을 인식해야 한다.

사실 청년실업문제는 많은 논의가 있었던 만큼 어느 정도 모범답안도 나와 있다. 관광, 의료 등 서비스산업 부문을 발전시키고 중소기업들을 글로벌 히든 챔피언으로 육성함으로써 양질의 일자리를 많이 만들어주는 것이 핵심이다. 그리고 산업계와 학계 간의 협력을 긴밀히 하여 산업계가 원하는 직능별 인재를 많이 배출하는 것도 중요하다. 젊은 인재의 채용을 위축시키는 정규직 과보호제도를 완화해 기업의 인력관리에 숨통을 열어주는 일도 필요할 것이다. 이런 과제를 얼마나 일관성 있게 실천해나가는가 하는 일이 관건인데 최근 복지확대론이 대세가 되고 있어 자칫 정책의 우선순위가 밀릴까 걱정이다.

얼마 전 젊은이들이 지도층 인사보다 예능인을 더 신뢰하고 있다는 조사결과에서 볼 수 있듯이 신구세대 간 문화와 사고의 단절은 이미 심각한 지경에 이르렀다. 지금이라도 세대 간 소통채널을 많이 만들어야 한다. 부모세대의 논리를 가르치려 하기에 앞서 자식세대의 고민에 귀 기울이면서 상호이해와 공감대의 폭을 넓혀나가는 것이 바람직하다. 젊은이들이 주로 소통하는 공간인 언론과 인터넷을 비롯해 정치, 경제, 사회의 각 부문에서 소통의 장치와 기회를 많이 만들어나가야 할 일이다.

자식세대가 자신의 꿈을 펼칠 수 있도록 좋은 환경을 만들어주는 것은 부모세대의 책무일 것이다. 복지혜택을 늘리는 일을 조금 늦추더라도 불안과 불신과 불만의 3불(不)세대에 희망을 찾아주고 일할 기회를 만드는 일을 서두를 때가 아닌가 한다.

'몽플뢰르 회의' 와
경제 · 사회 갈등 해법

남아프리카공화국은 오랫동안 '아파르트헤이트(Apartheid)'라는 인종차별 정책으로 악명 높았다. 인구의 16%에 불과한 백인이 모든 특권을 누리며 유색인종을 차별하고 억압했다. 흑인들의 거센 저항에 부닥친 백인 정부는 마침내 1991년 아파르트헤이트의 종식을 선언했다. 그러나 인종차별 정책이 철폐된 이후에도 흑백 간 갈등은 심각했고 언제 폭동이 일어날지 모르는 일촉즉발의 위기 상황이 계속됐다.

흑인과 백인이 공존할 것인가, 공멸할 것인가의 기로에서 몽플뢰르(Mont Fleur) 회의가 개최되었다. 케이프타운 외곽에 위치한 몽플뢰르 콘퍼런스센터에서 남아공의 새로운 질서를 만들기 위한 토론을 시작한 것이다. 회의에는 백인 단체, 백인 기업인을 비롯해 흑인 정당, 유색인 반(反)정부단체, 노동조합 등 남아공에서 영향력을 가진 22명의 대표가 참석했다.

이들은 최종적으로 네 가지 시나리오를 만들었다. 각 시나리오는 새(鳥)로 표현된다. 먼저 타조 시나리오. 백인 정부가 타조처럼 모래 속에 머리를 처박고 흑인과 협상하지 않는다는 것이다. 다음은 레임덕 시나리오. 약체 정부가 들어서서 여러 세력의 눈치만 볼 뿐 어떤 개혁도 이루지 못할 것이라는 예측이다. 그 다음은 이카로스 시나리오. 흑인들이 권력을 쟁취하여 이상적인 국가 건설을 추진하지만 태양 가까이 날다 떨어져 죽는 이카로스처럼 결국 실패하리란 전망이다. 마지막으로 플라밍고의 비행 시나리오. 모든 인종과 세력이 서로를 배척하지 않고 연합해 새로운 사회를 건설한다는 각본이다.

몽플뢰르 회의에 참가한 대표들은 이런 시나리오를 팸플릿으로 제작해 배포했다. 또 100여 차례의 토론회를 개최하면서 국민과 대화에 나섰다. 그 결과 남아공 국민들은 '플라밍고의 비행 시나리오'를 국가의 미래로 선택했다. 이에 따라 1994년 흑인과 백인이 동등한 자격으로 참여한 자유총선거가 실시되고, 이렇게 구성된 다인종 의회는 만델라를 대통령으로 선출했다. 이후 만델라가 이끄는 남아공 최초의 흑인 정부는 급진적이 아닌 온건한 개혁을 통해 흑백이 공존하는 사회를 건설해 나간다.

우리나라는 물론 남아공과 사정이 다르다. 단일민족국가로 살아왔기에 공동체의 동질성은 당연한 것으로 생각해왔다. 그러나 유사 이래 가장 국력이 강성하다는 지금, 오히려 국민통합이 시대적 과제가 되고 있다. 국가공동체의 균열이 여러 면에서 나타나고 있기 때문이다. 이미 오랫동안 지역 간, 보수·진보 간 갈등이 깊어져왔다. 최근 들어서는 세대 간에 성향이나 의견 차이가 뚜렷이 나타나고 있다. 경제적으로는 복지냐 성장이냐의 논쟁과 함께 부자와 서민, 대기업과 중소기업, 기업주와 근로자, 정규직과 비정규직, 심지어 대형마트와 재래시장까지 이해가 충돌하는 모습을 보이고 있다.

우리 사회의 분열과 갈등은 최근 몇 년 사이 여러 사건을 통해 더욱 증폭됐다. 한·미 자유무역협정(FTA) 협상과 제주 해군기지 건설, 무상급식 투표 등이 대표적이다. 이런 논쟁거리가 있을 때마다 찬반 입장이 극단으로 갈려 대립했다. 모두가 동의할 수 있는 합리적 대안을 모색하는 진지한 노력은 찾아보기 어려웠다. 올해 선거의 해를 맞아 이런 분열상이 더 심해지지 않을까 걱정된다. 특히 정치권이 포퓰리즘으로 흐를 경우 공동체의 분열과 갈등이 더욱 확산될 수 있다. 이런 면에서 반(反)기업정서를 부추기는 대기업 때리기나 경제민주화 주장, 재정건전성을 위태롭게 하는 복지공약, 노동계의 주장을 그대로 따라가는 노동법안 등은 우려를 자아내기에 충분해 보인다. 이는 마치 몽플뢰르 회의의 '이카로스 시나리오'와 같아 언뜻 이상적으로 보일지 모르지만 실패나 부작용을 피할 수 없기 때문이다.

한 국내 연구소에 따르면 우리나라는 경제협력개발기구(OECD) 회원국 중 네 번째로 사회갈등이 심한 나라라고 한다. 인종 차이나 소득 불평등과 같은 구조적 요인은 상대적으로 미미하지만, 갈등을 관리하는 리더십이 취약하기 때문이다. 민주주의 국가에서 다양성과 표현의 자유는 존중되어야 한다. 그러나 공동체가 통합을 유지하기 위해서는 정당한 절차를 거친 결정에는 승복하는 문화, 그리고 이를 이뤄내는 리더십이 필요하다.

    남아공은 신흥경제 5개국인 브릭스(BRICS)의 일원으로 1990
년대 후반부터 빠르게 성장하고 있다. 2010년에는 월드컵 대회도
성공적으로 치러냈다. 모두 '플라밍고의 비행 시나리오'를 채택했
기에 가능한 일이다. 비록 지금 우리나라가 남아공과 비교 대상은
아니지만 갈등과 분열의 골이 더 깊어지기 전에 몽플뢰르 회의의
교훈은 새겨볼 만하다.

감세정책 기조 흔들려선 안 돼

지난해 말 국회는 올해부터 시행될 예정이었던 법인세와 소득세 최고세율 인하를 2년간 유예하는 법안을 통과시켰다. 정부의 대표적 감세정책인 법인세율 인하 방침이 지난 2008년 국회를 통과했을 때 많은 기업인들은 기업하기 좋은 환경을 위한 주요 현안이 해결될 것으로 믿고 큰 기대를 걸고 있었다.

하지만 관련법안 시행이 유보됨으로써 감세정책에 대한 신뢰성과 예측 가능성이 크게 떨어지면서 기업의 투자 의욕이 훼손되지 않을까 우려된다.

감세정책의 기본 취지는 단기적으로 재정적자를 감내하면서 중장기적으로 기업의 경쟁력을 제고해 투자를 촉진하고 고용·소비를 진작시켜 궁극적으로 경제의 성장잠재력을 확충하는 데 있다.

법인세율 높아선 외자(外資) 유치 못해

지난해 법인세율을 일부 인하했으나 투자가 기대만큼 늘지 않았다는 지적도 있지만 감세정책의 효과는 보다 장기적인 시각에서 바라봐야 한다. 국제통화기금(IMF) 회원국의 경기대책을 분석해본 결과 경기침체 당해 연도에는 재정정책이 효과적이었지만 중장기 적으로는 감세정책이 성장률 개선 효과 등에 보다 크게 나타난 것으로 보고된다.

지금 세계 각국은 법인세율을 경쟁적으로 낮추고 있다. 법인세율 인하는 자국 기업의 대외경쟁력 확보와 함께 외국 기업의 자국 유치로 경제에 매우 긍정적인 영향을 주기 때문이다. 실제로 외국 기업의 자국 내 직접투자는 금융거래를 통한 간접투자와 달리 현지 정착화되면 높은 회수비용으로 국내 이탈이 쉽지 않아 자본이 빈약하거나 수출에 비해 상대적으로 내수기반이 취약한 한국 등 대외 개방도가 높은 국가들에 높은 편익을 제공하는 것으로 나타났다.

이런 긍정적 효과를 주는 법인세율이 다른 나라보다 높아서는 외국인 투자를 끌어들일 수 없다. 실제로 경제협력개발기구(OECD) 국가의 평균 법인세율은 2000년 30.7%에서 2009년 24.3%로 인하됐으며 중국은 2008년 법인세율을 33%에서 25%로 대폭 내렸다. 대만·싱가포르 역시 올해부터 25%에서 20%, 18%에서 17%로 각각 인하했다. 아시아 경쟁국가들에 비해 한국(22%)은 아직도 높은 수준이다.

한편 상속·증여세 개선을 위한 정부 입법안은 국회에서 논의조차 되지 못하고 있는 상황이다. 일각에서는 상증세 인하가 경기활성화에 도움을 주지 못하고 부의 세습으로 빈부격차만 확대시킨다는 주장도 있으나, 상증세는 전체 세수에서 차지하는 비중이 1.32%, 국내총생산(GDP)의 0.27%에 불과해 세수와 소득재분

배에 미치는 영향이 미미하다. 세율을 인하할 경우 기업인의 경영 및 투자의욕 효과가 클 뿐만 아니라 국부의 해외 유출을 막아 국민경제에 득이 될 수 있다.

그런데 우리나라의 상속세율은 최고 50%로 프랑스·독일 등 몇 나라를 제외하고 세계적으로 가장 높다. 게다가 높은 상속세율로 인해 우리나라는 기업 최대주주의 보유주식을 최대 30%까지 할증평가해 최고세율이 65%에 이른다. 이러한 할증평가제도는 다른 나라에서 사례를 찾아보기 어렵다.

장수기업이 많은 독일에서 1993년부터 2003년까지 가업승계기업과 일반기업의 주가상승률을 비교해본 결과 가업승계기업의 주가상승률이 일반기업보다 4배 이상 높았다고 한다. 그만큼 경영실적이 좋았고 시장의 평가도 긍정적이었다. 우리나라도 이제 대물림에 대한 인식을 바꿔야 한다. 기업이 대물림되어야 경영 노하우가 쌓이고 경쟁력이 높아지면서 경제성장에 더 많이 기여할 수 있다.

투자의욕 고취할 정책 추진을

스웨덴은 늘어가는 복지예산을 충당하기 위해 일정규모 이상 자산보유자에게는 부유세를 부과하는 등 세율을 높여 세금을 거둬들였다. 증세의 결과는 기업 의욕상실과 경제활력 저하, 국부의 해외유출이었고 결국 스웨덴 정부는 법인세율 인하, 상속세·부유세 폐지 등 감세정책으로 돌아서지 않을 수 없었다.

지금 우리에게 가장 시급한 과제는 기업투자와 고용창출을 통한 성장잠재력 확충이다. 정부와 국회는 감세정책을 예정대로 흔들림 없이 추진해나가야 한다. 재정건전성 문제는 경제성장에 따른 조세수입 증가, 소득파악률 제고, 세원 다각화 등 보다 장기적인 관점에서 모색해도 충분하다고 본다.

과세표준 구간 신설로 소득세율 내려야

최근 정치권에서 증세 논란이 한창이다. 현 정권의 대표적 경제정책으로 손꼽혔던 감세기조가 후퇴하는가 싶더니 여당과 야당이 앞다퉈 증세안을 내놓는 형국이다. 기업인들은 당황스럽기만 하다.

정부가 지난 9월, 내년으로 예정됐던 법인세 최고세율 인하를 취소하는 개정안을 국회에 제출하면서 감세기조는 중단됐다. 현행 법인세 최고세율 22%를 그대로 유지하되 과세표준 중간구간을 신설해 이들에 대해서만 법인세율 20%를 적용하겠다는 것이다. 정부가 법인세 최고세율 인하를 줄곧 약속해왔던 터라 기업들의 충격은 크다. 법인세 과세표준 중간구간 범위에 대한 의견이 분분하다. 게다가 법인세율 인하를 완전히 철회해야 한다는 목소리에 이어 급기야 법인세율 인상까지 거론되고 있다.

정책의 신뢰성과 일관성은 기업 경영여건에 있어 매우 중요하다. 당초 지난해부터 법인세율을 인하하기로 했다가 2년간 유예한 것인데 이번에 철회까지 되면 정부정책의 대내외 신인도는 하락할

수밖에 없다. 가뜩이나 한국에 투자한 외국 기업들이 우리나라의
조세환경은 예측할 수 없다고 어려움을 호소하고 있는 마당에 말
이다.

일부에서는 법인세율 인하가 대기업에만 혜택이 돌아가는 '부자
감세'로 양극화를 심화시키고 재정건전성만 악화시킨다고 주장한
다. 하지만 중소기업 현장의 목소리는 다르다. 대한상공회의소가
올 8월 전국 중소제조기업 300개사를 대상으로 실시한 설문조사
에서 응답 기업의 93%는 '감세정책을 유지하거나 강화해야 한다'
는 의견을 냈다. 감세정책에도 불구하고 대기업들이 현금만 쌓아
두고 투자를 하지 않는다는 지적도 있다. 실제로는 지난해 우리나
라 설비투자 증가율이 25%로 세계적으로 높은 수준을 기록했다.
글로벌 금융위기의 충격도 경제협력개발기구(OECD) 국가 중 가
장 빠른 속도로 회복했다. 물론 이는 환율·금리 등 정책적 조합이
어우러져 빚은 결과지만 정부의 감세정책이 없었다면 회복 속도는
훨씬 더뎠을 것이다.

재정건전성에 대한 우려의 목소리는 법인세율 인하가 곧 법인세
수 감소라는 오해에서 비롯된다. 법인세수는 세원(기업의 이익)과
세율로 결정된다. 세율을 인하하면 기업활력이 높아지고 경제활동
이 촉진돼 세원이 커지고 결국 세수는 증가한다. 법인세율이
2000년 28%에서 2010년 22%로 인하되었지만 법인세수는
17.9조 원에서 37.3조 원으로 두 배 이상 증가했다는 사실이 이
를 뒷받침해준다.

소득세의 경우 최고세율 인하 철회에 그치지 않고 소득세율 인

상, 주식양도차익 과세 도입 등 다양한 증세 방안이 봇물처럼 쏟아
지고 있다. 그러나 섣부른 증세 논란은 자영업자와 근로자들의 의
욕을 감퇴시키고 소액투자자들의 불안감만 가중시켜 경제에 부정
적인 영향을 줄 뿐이다. 우리나라 소득세 최고세율 35%는 OECD
평균 35.4%와 유사하지 결코 낮은 수준이 아니다. 또 소득세 최
고세율을 40%로 높일 경우 지방세와 사회보험료까지 감안하면 실
제 부담률은 50%에 근접할 텐데 면세자 비율이 40~50%인 상황
에서 특정 계층에게만 소득세 부담을 가중시키는 것은 바람직하지
않다.

오히려 과세표준 구간 조정의 폭이 물가상승률이나 경제성장률
등을 따라가고 있지 못하는 만큼 과세표준 구간을 신설해 소득세율
을 내려주는 것이 맞다. 소득세 최고세율이 적용되는 과세표준 구
간은 1996년 '8000만 원 초과'였던 것이 2008년 '8800만 원 초
과'로 조정됐다. 12년간 달라진 경제여건을 감안하면 조정 폭이 지
나치게 작다. 물가상승을 감안한 실질소득은 그리 늘지 않았는데
도 명목소득이 늘어났다는 이유로 높은 세율을 적용받게 된 자영업
자와 근로자들의 고충을 해소시켜줄 필요가 있는 것이다.

갑작스러운 주식양도세 도입 논의도 걱정스럽다. 우리나라 자본
시장의 성숙도와 경제력, 다른 소득과의 과세형평성 등을 고려했
을 때 주식양도세 도입은 장기적으로 검토해볼 필요성은 있을 것
이다. 하지만 유럽 재정위기, 세계경제의 불확실성 등으로 주식시
장의 변동성이 커지고 있는 이 시점에 성급하게 주식양도세를 도
입하는 것은 주식시장의 결정적 위축 요인으로 작용해 기업의 자

금 조달을 어렵게 하고 투자자들을 혼란스럽게 만들 수 있다. 대만이 그랬다. 충분한 검토 없이 갑작스럽게 주식양도세를 도입해 주가 폭락과 투자자 항의 등을 경험한 후 제도 시행 1년 만에 결국 철회했다.

상황이 변화하면 정책도 변화할 수 있다. 그러나 당장 재정을 걱정해야 하는 것이 아니고, 내년에도 기업들의 고군분투가 예상되는 상황에서 조세정책의 급선회로 경제활력을 꺾어서는 안 될 일이다.

토지초과이득세 폐지의 교훈

대기업 계열사간 물량(또는 일감) 몰아주기에 대한 사회적 논란이 확산되는 가운데 최근 한국조세연구원이 물량 몰아주기 과세방안에 대한 정책토론회를 개최했다. 토론회에서는 물량을 몰아받은 기업의 주식가치 상승이나 영업이익 등을 기초로 증여세, 소득세, 법인세 등을 과세하는 여러 가지 방안이 제시됐다. 정부는 토론회에서 개진된 의견들을 검토해 다음 달까지 과세안을 확정해 발표할 예정이다.

현재 논의되고 있는 각 과세 방안의 문제점을 차치하고서라도 무엇보다 물량 몰아주기 과세 자체의 타당성에 대한 충분한 검증이 필요하다. 먼저 우리 헌법은 기업의 경제상 자유와 창의를 존중하고 있고, 필요한 경우 제한할 수 있지만 과잉금지의 원칙에 의해 자유와 권리의 본질적인 내용을 침해할 수 없도록 하고 있다. 그런데 특수관계자 간의 시가 거래를 단순히 물량이 많다고 해서 변칙적 증여 행위로 일괄하여 과세하는 것은 헌법정신에 위배될 가능성이 높다.

다음으로 물량 몰아주기가 상속세 및 증여세법상(이하 상증세법) 증여에 해당하는지 여부도 불분명하다. 상증세법은 증여를 '경제적 가치를 계산할 수 있는 재산의 이전 또는 기여에 의해 타인의 재산가치를 증가시키는 것'으로 정의하고 있다. 즉 경제적 가치를 계산할 수 있느냐의 여부가 중요한 판단기준 중의 하나이다. 그러나 물량 몰아주기가 물량을 몰아받은 기업의 주식가치 상승이나 영업이익 증대 등에 어느 정도의 영향을 미쳤는지 정확히 계산하기는 어렵다.

미실현 이익에 대한 과세, 중복과세 논란도 있을 수 있다. 물량 몰아주기를 통해 기업의 영업이익이 늘고 주식가치가 올랐다면 이로 인한 주주의 이익은 배당, 주식 처분 등 실현되었을 때 과세되는 것이 원칙이다. 또 물량을 몰아받은 기업은 법인세를, 주주는 소득세를 납부하는데 특수관계기업과의 거래 비율이 높다는 이유만으로 세금을 추가로 부과하는 것은 타당하지 않다.

한편 물량 몰아주기에 대한 구체적인 과세 방안으로 물량을 몰아받은 기업의 주식가치 상승분을 증여재산으로 보아 증여세를 과세하는 것을 지지하는 방안도 거론된다. 그러나 주가에 영향을 미치는 요인이 기업경쟁력, 산업현황, 세계경제 흐름 등 매우 광범위한 상황에서 물량 몰아주기 이외의 주가 상승요인을 제거할 수 있는지 의문이다. 이를 정확하게 제거하지 않고 과세할 경우 실질과세의 원칙에 위배될 수 있다는 점에 유의해야 한다.

또한 변동 폭이 극심한 주가에 연동하여 매년 과세를 하는 것은 조세 안정성과 예측 가능성을 떨어뜨릴 수 있으며 기업의 인위적

주가조작 유인으로 작용하여 금융시장의 혼란을 초래하고 소액투자자의 피해를 가져올 수 있다.

결국 물량 몰아주기로 인한 이득은 주주가 주식을 처분했을 때 주식양도차익으로 과세해야 한다. 아울러 물량 몰아주기의 부작용을 해결하기 위해서는 공정거래법, 상법 등 기존의 여러 가지 다양한 규제 수단을 활용하는 방법을 찾는 것이 바람직하다.

현행 공정거래법은 계열사 간 부당지원행위 등을 금지하고 있고 상법에서도 회사 기회유용 금지와 이사와 회사 간 거래에 대한 엄격한 제한 규정을 두고 있다. 이를 어겼을 경우에는 주주가 대표소송을 통해 손해배상 책임을 물을 수 있으며 형법상 업무상 배임죄가 적용되어 형사처벌도 가능하다.

공정한 시장거래질서를 저해하고 편법적 증여 수단으로 사용될 수 있는 물량 몰아주기에 대한 제재가 필요하다고 해서 적절치 못한 수단까지 정당화되는 것은 아니다. 우리나라는 지난 1989년 지가 안정과 토지의 효율적인 이용 촉진을 목표로 토지초과이득세를 도입했으나 헌법상의 재산권 보장과 평등정신에 위배되고 조세법률주의에 배치된다는 이유로 1994년 헌법불합치 결정을 받고 폐지된 바 있다.

편법 상속과 증여 방지를 목표로 물량 몰아주기에 대해 증여세 등을 과세할 경우, 자칫 토지초과이득세와 같은 전철을 밟지 않을까 우려된다. 물량 몰아주기에 대한 무리한 과세 추진은 신중히 검토되어야 한다.

짚신 장수, 고무신 장사

"약자라고 무조건 보호하거나 강자라고 억누르는 방식은 근본적 해결책이 되지 않는다. 짚신 장수 망하니 고무신 장수에게 장사하지 말 것이 아니라 구두든 운동화든 고무신보다 더 잘 팔리는 물건을 만들게 해야 한다."

짚신 장수 망할까봐
고무신 장사 말라고?

세계 인구 3명 중 1명이 고용위기를 겪고 있다. 지난 1월 말 국제노동기구(ILO) 발표에 따르면 지구촌의 노동인구 33억 명 가운데 실업자가 2억 명이고, 하루 소득이 2달러 미만인 근로빈곤층(working poor)이 9억 명이라고 한다.

이런 가운데 올해 미국과 프랑스를 포함한 60여 개 국가에서 대선이나 총선을 치른다. 각국에서 새로운 리더십에 대한 열망이 분출하고 있지만 핵심은 결국 경제문제로 모아지는 듯하다. 유럽 재정위기의 여파가 끝나지 않은 가운데 누가 경제를 제대로 살리고 고용을 창출할 수 있는가가 선거전의 최대 쟁점이 되고 있는 것이다.

양대 선거를 앞두고 있는 우리나라에서도 정치권이 여러 가지 정책 비전을 제시하며 민심을 모으고 있다. 정부와 지방자치단체에서도 서민이나 근로자를 보호한다며 새로운 정책을 내놓고 있다. 그런데 좋은 취지에서 만들어졌을 이런 정책이 기업을 죄인 취급하거나 옥죄어 오히려 일자리마저 없애게 되지 않을까 걱정되는 경우가 많다. 기업이 일자리를 만들어야 한다고 이구동성으로 말하면서 실은 기업 '팔 비틀기'만 하는 게 아닌지 답답하다.

예를 들어보자. 얼마 전 정치권은 중소상인을 보호한다며 대형마트와 기업형 수퍼마켓(SSM)의 영업을 제한하겠다고 발표했다. 실제 일부 지방자치단체는 이미 영업시간을 제한하는 조례를 만들기 시작했다. 대형마트가 지난 10년간 20만 개의 일자리를 만든 공로는 깡그리 무시됐다. 대형마트로 인해 직·간접적으로 생긴 일자리에 이런 규제가 앞으로 어떤 악영향을 미칠지 제대로 분석했는지 의문스럽다.

봇물 터지듯 쏟아지고 있는 대기업 때리기도 기업 의욕을 꺾어 일자리에 부정적인 영향을 주고 있다. 재벌세를 도입한다느니, 출자총액제한제도를 부활한다느니 하는 주장이 거리낌 없이 나오고 있고, 중소기업 적합 업종 법제화와 이익공유제 도입이 구체화되고 있다. 대기업이 좋은 일자리를 하나라도 더 만들어주기를 기대하면서 기업활동은 얽어매겠다고 하니 이율배반이 아닐 수 없다.

최근 도입됐거나 도입해야 한다고 주장하는 다른 제도들 역시 기업을 곤혹스럽게 하고 있다. 기업을 과녁 삼아 준법지원인제도가 새로 만들어졌고, 징벌적 손해배상과 집단소송제도는 적용 범위를 넓히려 하고 있다. 더 큰 문제는 이런 제도가 글로벌 스탠더드도 아니라는 점이다. 극소수 나라의 제도를 우리나라가 앞장서 받아들여 기업경영을 어렵게 하면 결국 국내 기업을 밖으로 내쫓고 외국인의 투자를 막아 일자리만 줄어들게 될 뿐이다.

정부가 추진하고 있는 근로시간 줄이기 역시 그렇다. 목적은 좋지만 산업현장에 미칠 영향을 고려하지 않은 채 급하게 서두르고 있다. 현행법이 정하는 근로기준은 지켜야겠지만 근로제도의 틀을 새로 짜는 문제라면 먼저 기업의 경쟁력과 근로자의 일자리에 미칠 영향을 충분히 검토해야 한다.

비정규직 보호를 강화하겠다는 정치권의 장밋빛 약속은 노동시장에서 의도대로 작동하기 어려워 보인다. 최근 사내하도급에 대한 대법원의 판결 역시 법리에는 맞을지 몰라도 노동유연성이 거의 없다시피 한 우리 기업의 경영환경에는 눈 감지 않았나 싶다.

정책을 만드는 입장에서는 양극화를 해소하고 서민경제를 살린다는 등 좋은 의도에서 이런저런 처방을 고안할 것이다. 그러나 '지옥으로 가는 길은 선의로 포장돼 있다'는 속담처럼 부작용이나 역효과에 대한 면밀한 검토가 없는 정책은 기업과 경제를 어렵게 하고 일자리마저 줄어들게 할 뿐이다.

패러다임의 전환이 필요해 보인다. 약자라고 무조건 보호하거나 강자라고 억누르는 방식은 근본적인 해결책이 되지 않는다. 우리가 과거 산업화를 통해 이 땅에 없던 새로운 일자리를 창조해냈듯이 시대에 맞는 새로운 성장동력을 발굴해야 좋은 일자리를 만들 수 있다. 짚신 장수 망하니 고무신 장수에게 장사하지 말라고 할 것이 아니라 구두든 운동화든 고무신보다 더 잘 팔리는 물건을 만들게 해야 한다.

노자는 나라 다스리기를 '작은 생선 굽듯 하라(若烹小鮮)'고 했다. 생선을 자꾸 뒤집으면 살이 떨어져 먹을 게 없어지듯, 제도를 자꾸 바꾸면 백성이 불안해하고 혼란만 생긴다는 의미다. 기업에 대한 정책도 다르지 않다. 정책의 향방을 예측하기 어렵고 시장 원리에 대한 신뢰가 무너지면 기업은 투자와 고용에 소극적일 수밖에 없게 된다. 한 마리의 생선을 이리저리 뒤집기보다 더 많은 생선을 잡아야 먹을 것도 많아지는 법이다.

가슴 울린다고
좋은 정책은 아니다

지난해 서울시 무상급식 주민투표 때 있었던 일이다. 저녁모임에서 옆에 있던 지인이 한숨을 짓기에 왜 그러냐고 물었다.

"직장동료인데 무상급식에다, 무상보육, 무상교육으로 내 돈 들어갈 일 없어 잘됐다고 하지 않나! 자기 호주머니에서 당장 돈 안 나간다고 괜찮다고 생각하는 모양이야. 나중은 어떡하라고."

금년 들어 복지예산 증가 등으로 지자체 재정악화가 문제되고 있지만, 주민투표 당시만 해도 '가난한 아이들에게 눈칫밥 먹여서야 되겠냐'는 주장이 국민들의 가슴을 파고들면서 재정, 부자지원 문제 등의 논리는 힘을 얻지 못했다.

올해는 총선과 대선이 있는 해다. 표를 얻어야 하는 정치인들은 인기있는 정책을 택하려 할 것이다. 특히 세계적인 경기침체로 어려움에 처한 사람들이 크게 늘면서 국민들의 아픔을 보듬어주는 공약개발에 힘을 쏟을 것으로 보인다. 다행히 총선 전에는 복지공약이 주를 이뤘으나 총선 후에는 복지와 함께 경제성장을 언급하는 분위기가 조성되고 있는 것 같다. 유럽 재정위기 여파로 수출감소

와 경제둔화가 불가피한 상황에서 성장을 더 이상 뒷전으로 내버려
둘 수 없기 때문이다. 사실 성장과 복지는 따로 생각할 수 없다.
1997년 외환 부족사태, 2008년 글로벌 금융위기, 최근 유럽 재
정문제 등이 이어지면서 국민들이 이른바 '위기 피로감'에 빠지고
복지에 대한 수요가 늘고 있지만 나라의 곳간을 채워줄 성장을 챙
겨야 한다.

얼마 전 만난 한 기업인은 '장사는 될 때 해야 한다'고 했다. 글로
벌 금융위기 이후 글로벌 기업들이 잠시 주춤할 때 우리 기업들이
앞서 나간 사례가 많이 알려지고 있는데 이런 때일수록 기업의 발
전동력이 가속화돼야 한다. 잘나가는 기업의 발전동력을 꺼뜨려서
는 안 된다.

시장경제에서 경쟁은 불가피하고 그 과정에서 차이가 벌어지게
되는데 이를 조정하기 위해 국가가 개입을 하게 된다. 이와 관련해
시장지배와 경제력 남용을 방지하기 위한 공정거래법, 중소기업의
보호를 위한 대중소상생협력법, 그리고 대형마트·SSM의 영업시
간을 제한하는 유통산업발전법 등 정부는 여러 법에서 규제와 조정
을 실시하고 있다. 그러나 시장경제원칙의 예외인 규제와 조정을
늘리는 것은 매우 신중해야 한다. 개인과 기업의 창의를 바탕으로
하는 시장경제가 우리 경제의 원동력인데 이러한 성장동력이 무너
질 수 있기 때문이다.

대·중소기업의 양극화에 대해서도 좀 더 신중히 접근할 필요가
있다. 올 4월 발표된 KDI 보고서에 의하면 지난 20년간 중소기업
의 부가가치증가율(9.8%)이 대기업(8.7%)보다 높게 나타났다.

통계상으로는 중소기업 전체가 대기업보다 나빠졌다고 보기 힘들다는 지적이다. 또 현 정부 들어 대중소기업 간 영업이익률 격차가 계속 줄다가 2010년 확대되면서 양극화 주장에 힘이 실렸으나 한국은행 통계에 따르면 작년 중소기업의 영업이익률(5.44%)이 대기업(5.38%)을 앞질러 분명치 않다. 다만, 영업손실을 기록한 중소기업이 이전보다 늘고 있는 점은 간과하기 어렵다. 이처럼 양극화의 실재 여부가 불명확한 가운데 이를 해소하기 위해 무턱대고 규제부터 해서는 곤란하다. 대기업을 규제해서 중소기업의 경영여건 개선에 도움이 될 수 있을지도 불분명할 뿐만 아니라 우리 경제에도 악영향을 줄 수 있기 때문이다.

정부가 규제하지 않더라도 시장과 소비자가 기업을 내버려두지 않는 것이 오늘날의 현실이다. 노키아 사례에서 알 수 있듯이 세계 일등기업도 시장과 소비자를 외면하면 한순간에 밀려날 수 있는데 규제까지 발목을 잡아서는 기업하기 힘들어진다.

다양한 생각과 의견을 모으고 조율하며 이를 정책으로 구현하는 것이 정치의 역할이다. 한 쪽 귀만 열고 다른 쪽을 닫아서는 안 된다. 선거를 앞두고 경제적으로 고통받는 많은 이들의 가슴을 뻥 뚫어주고 기업한테는 사기를 불어넣는 좋은 정책을 기대해본다.

한국경제 '20-20 클럽' 넘어 '40-40' 오르려면

야구감독이 가장 선호하는 타자 유형은 단지 홈런을 잘 치는 슬러거가 아니라 호타준족이라고 한다. 한 방이 필요할 때 홈런을 칠 수 있으면서도 빠른 발로 상대 수비를 흐트러뜨리고 수비도 잘하는 유형이다. 한 시즌에 홈런과 도루를 각각 20개 이상 기록하는 '20-20 클럽'은 호타준족의 상징이다. 20-20을 넘어 '40-40 클럽'에 오르는 것은 아주 드문 일이다. 우리나라에서는 아직 기록한 선수가 없고 100년이 넘는 역사의 메이저리그에서도 2006년 알폰소 소리아노 등 네 명뿐일 정도다.

지금 한국경제의 위상을 야구에 비유하자면 '20-20 클럽' 수준의 실력은 되지 않을까 한다. 무역 규모 세계 8위에 국내총생산(GDP)은 세계 15위다. 올해는 '20-50 클럽'에도 들었다. 1인당 국민소득이 2만 달러 이상이면서 인구가 5000만 명이 넘는 국가라는 의미다. 지금까지 '20-50 클럽' 멤버는 달성 연도 순으로 일본, 미국, 프랑스, 이탈리아, 독일, 영국 등 6개국에 불과하다.

빛나는 외교 성과도 거두고 있다. 유엔(UN)과 세계은행(WB),

국제통화기금(IMF) 등 3대 국제기구 중 두 곳의 수장이 한국 출신
이다. 빌 클린턴 전 미국 대통령이 반기문 유엔사무총장과 김용 세
계은행총재가 나란히 있는 모습을 보고 "한국 사람들이 세계를 지
배하고 있다"고 농담했을 정도다. 최근에는 유엔 안전보장이사회
비상임이사국에 다시 진출했다. 녹색기후기금(GCF) 사무국을 우
리 땅에 유치하는 데 성공하기도 했다.

 문화 영역에서도 영향력이 확대되고 있다. 한류의 인기가 여전한
가운데 최근에는 싸이의 '강남스타일'이 세계적인 신드롬을 일으키
고 있다. 한국을 찾는 외국인도 크게 늘었다. 며칠 전에는 외국인
관광객이 처음으로 연간 1000만 명을 넘어섰다. 외국인 관광객이
8000만 명이 넘는 관광대국 프랑스에는 크게 못 미치지만 넘기 어
려운 벽으로 보였던 일본보다 많은 수치다.

 이제 한국은 명실공히 국제사회에서 엔트리 멤버 중 하나라고 할
수 있다. 우리는 자부심을 가질 자격이 충분하다. 하지만 '창업보
다 수성이 어렵다'는 말이 있듯 지금부터 진짜 어려운 도전을 해나
가야 한다. 우리는 아직 '20-20 클럽' 정도의 실력에 불과하기 때
문이다.

 이런 면에서 이번 대선 국면을 바라보며 착잡한 마음이 든다. 올
해 대선이 대한민국호 항해에 중대한 기로라 느끼는 사람이 필자만
은 아닐 것이다. 그런데 주요 후보들의 공약이 대동소이한 가운데
공통으로 경제민주화에 방점을 두고 있어 우려스럽다. 외환위기
이후 심화되어온 양극화를 부인할 수는 없지만 그 해법이 과연 억
강부약(抑强扶弱)에 있는지 의문이다.

과문한 탓인지 기업활동을 억눌러 경제가 성공했다는 나라를 듣지 못했다. 우리 경제의 소중한 자산인 대기업을 옥죄기보다 공정 경쟁의 룰이 지켜지도록 감시하는 것이 정부의 역할이어야 하지 않을까.

장하준 케임브리지대 교수도 재벌을 출자총액제한제도 등으로 규제하는 건 경영권을 포기하라는 것이고 결국 다국적 기업이나 사모펀드 같은 기업 사냥꾼에게 먹잇감을 던져주는 것이나 마찬가지라 비판하지 않았던가.

우리 경제가 발전해온 과정을 살펴봐도 오너 체제를 바탕으로 한 대기업집단의 과감한 결단과 투자가 결정적 성공 요인이었음을 알 수 있다. 또 대기업의 성장은 곧 협력관계에 있는 수많은 중소기업의 성장을 의미한다. 한 연구소의 분석에 의하면 2000~2010년 4대 산업(전자 · 자동차 · 조선 · 건설)의 협력업체 연평균 매출증가율(14%)이 대기업(12.4%)보다 높은 것으로 확인됐다.

한국 경제가 '20-20 클럽'을 넘어 '40-40 클럽'으로 가기 위해서는 세계 최고의 경쟁력을 갖춘 대기업이 더 많이 나와야 한다. 이런 중요한 시기에 자칫 기업의 발목을 잡는 정책을 깊은 성찰 없이 도입할 경우 돌이킬 수 없는 결과를 낳을 수 있다. 얼마 전 한국을 찾은 제프리 삭스 컬럼비아대 교수가 "한국 경제 발전에서 재벌의 역할을 과소평가해서는 안 된다"며 "한국에는 삼성과 LG가 필요하다"고 한 까닭을 되새겨볼 필요가 있다.

R&D투자
'스웨덴 패러독스' 경계를

지금 여의도에서는 내년도 예산안 심의가 한창이다. 복지 부문은 늘리고 다른 부문은 삭감되고 있다는데 민간기업 연구개발(R&D) 지원예산도 10% 일괄 삭감하는 방안이 올려져 있다는 소식이다. 민간의 연구개발 역량이 높아졌기 때문에 정부 지원을 기초과학 분야로 집중시키는 한편 기업들의 연구비 유용에 대응해 자기부담을 강화한다는 취지라고 한다.

물론 기초과학 분야의 투자를 늘리는 일은 중요하다. 다만 최근 세계 각국은 기초연구 중시 전략을 탈피해 스마트폰으로 대표되는 융복합 부문과 상용화 부문에의 연구비중을 높이고 있음에 유념해야 한다. 기초과학 부문의 연구성과는 논문으로 발표돼 전 세계적으로 공유되므로 응용성을 중심으로 연구하는 것이 더 효과적인 점도 감안할 필요가 있다. 산업원천기술 개발에 집중하는 전략은 독일과 일본을 오늘의 기술강국으로 만들었는데 우리에게도 여전히 유용하다고 생각한다.

기초과학 발전이 중요하다고 해서 이에 대한 투자를 신성시하는 것도 위험하다. 2007년 스웨덴의 R&D 투자는 국내총생산 (GDP) 대비 3.63%로, 당시 유럽 평균보다 두 배나 많은 세계 최고 수준이었다. 이처럼 R&D 투자를 많이 했지만 산업발전에 미친 영향은 허무했다. 매출액을 기준으로 1999년 세계 73위였던 볼보는 2009년 177위로 떨어졌고, 87위였던 에릭슨은 285위로, 141위였던 일렉트로룩스는 590위로 떨어졌다. 스웨덴 정부가 기초과학 연구에 치중한 나머지 시대가 필요로 하는 부문에 제대로 R&D 투자를 하지 못한 탓이다. 이를 일컬어 스웨덴 패러독스라고 한다.

기초연구만 응용연구의 원천이 되는 것이 아니며 응용연구도 기초연구 발전에 기여할 수 있다. 비행기 발명이 현장의 시행착오 과정을 거쳐 탄생된 후 항공유체역학, 항공열역학 등 기초학문 발전의 토대가 된 것이 좋은 사례다.

2000년대 기술혁신이 경제성장에 미친 기여도는 45%에 이른다. 그렇지만 녹색산업 등 새로운 분야에서 민간기업이 R&D 투자에 나서기란 여전히 쉽지 않은 일이다. 거액의 투자자금이 필요한데다 실패하면 책임을 져야 하기 때문이다. 정부의 예산지원은 국가 전체의 R&D 투자를 견인하는 효과가 있다. 정부가 민간기업의 R&D를 지원하면 민간은 그 이상의 투자를 하는 것이다. 그러나 전체 R&D 중 정부의 비중은 프랑스 41.2%, 영국 36.8%, 미국 32.7%인 데 반해 우리나라는 28%에 불과하다. 정부가 예산지원을 축소하게 되면 현재 진행 중인 녹색신재생에너지 분야나 첨단융합 분야의 기술개발이 차질을 빚게 될 것이며 이는 우리 경제의 신성장동력 확보를 더욱 힘들게 만들 것이다.

정부는 중소기업을 세계적인 히든챔피언으로 육성하기 위한 R&D 지원을 약속해 놓고 있다. 또 올해에는 대기업으로 성장하는 데 어려움을 겪는 중견기업을 위해 지원제도를 도입하고 글로벌 전문기업 육성을 위한 R&D 지원 프로그램을 운영 중이다. 국회의 R&D 지원예산 삭감은 이 같은 정책목표의 달성을 어렵게 하고 정책불신을 야기할 수 있다.

연구비 유용 등의 도덕적 해이 현상은 우리 사회가 극복해야 할 중요한 과제이다. 그러나 0.53%의 연구비 유용 사례를 들어 성실히 연구활동 중인 99.5%에게마저 불이익을 주는 것은 옳지 않다. 사업비 사용에 대한 감시감독을 강화하고, 관련자를 일벌백계하여 해결하는 것이 정도이다.

흔히 최고의 복지는 일할 기회를 마련해주는 것이라고 한다. 경제의 지속성장을 담보하고 일자리를 창출하려면 신산업이 많이 나와야 하며, 그러려면 관련분야 연구개발 투자가 활성화돼야 한다. 아무쪼록 국회에서 미래를 내다보고 R&D 예산안을 심의해 주기 바란다.

'준법경영'의 이상과 현실

"아무리 나쁜 결과로 끝난 일이라 해도, 애초에 그 일을 시작한 동기는 선의였다."

율리우스 카이사르의 말이다. 정책을 만드는 데 있어 선의만을 가지고 추진하기보다는 주변 여건과 정책의 영향 정도 등을 충분히 감안해야 한다는 의미로 해석할 수 있다. 도입 과정에서 논란이 있었던 준법지원인제도의 경우도 마찬가지다.

지난 3월 국회에서 통과된 상법 개정안에는 대통령령으로 정하는 상장회사는 준법통제기준을 마련하는 한편, 준법통제기준의 준수에 관한 업무를 담당하는 준법지원인을 1명 이상 두도록 하는 내용이 포함돼 있다. 상법 개정안이 통과된 이후 '이제는 선진적인 준법경영이 이뤄져야 한다'는 환영의 목소리와 '법조계의 밥그릇 챙기기'라는 비판이 동시에 나오고 법조계와 경제계 사이에서 날선 공방이 이뤄지기도 했다.

준법지원인제도 도입과 관련해 경제계와 법조계가 팽팽하게 대립하고 있는 것은 제도 적용대상 기업의 기준과 준법지원인의 자격에 관한 문제다.

먼저, 법조계에서는 적용대상 기업의 범위를 폭넓게 설정하려고 한다. 준법경영을 확산시킨다는 점에서 그 취지는 좋지만 많은 중소기업의 경영 현실을 무시한 주장이 아닐 수 없다. 경영악화로 어려움을 호소하고 있는 중소기업에 준법경영이라는 명분 아래 그 실효성이 입증되지 않은 준법지원인제도를 적용시켜 부담을 주는 것은 옳지 않다. 아무리 좋은 제도라고 해도 새로운 제도를 도입할 때는 혼란이 야기되기 마련이다. 하물며 아직 충분한 검증이 이뤄지지 않은 제도는 더 말할 것이 없다. 따라서 준법지원인제도 도입으로 인한 부담을 감내할 수 있는 대규모 회사에 우선 적용해서 제도의 실질적 효과를 확인한 후 순차적으로 적용대상을 확장시켜나가야 할 것이다. 그 기준으로는 먼저 현행 상법상 감사위원회 설치 의무 등이 부과되는 대규모 상장회사 기준인 자산규모 2조 원을 생각해볼 수 있다. 다만 2조 원 기준이 10여 년 전에 정해진 것이고 국제회계기준 시행으로 회계기준상 자산 규모가 자연적으로 증가하는 점을 고려해 기준을 5조 원 이상으로 상향 조정하는 것도 바람직하다.

다음으로 준법지원인의 자격을 변호사와 5년 이상 경력의 법학과 교수로 한정한 것도 문제다. 준법경영을 위해서는 법적 지식이 필요한 만큼 법률 전문가를 준법지원인 자격으로 제시하는 것은 이해가 된다. 그러나 법률 지식이 전부는 아니다. 시장에 무수한 상품이 있는 것처럼 현실에는 다양한 업종과 형태의 회사가 존재한다. 이처럼 다양한 회사의 경영을 적법하고 적정하게 통제하기 위해선 법적 지식에 더해 관련 업종에서의 경험이 중요하다. 이러한 경험 없이 회사의 업무와 그 구성원의 활동이 법에 부합하도록 합리적으로 이끌 수 있을지 우려된다. 따라서 자격 요건을 기업에서 상당기간 준법 업무를 수행해온 임직원 등으로 확대할 필요가 있다. 특히 애초에 변호사 등으로 자격을 제한했던 것이 특정 전문직종의 이익만을 고려한 것이 아니냐는 의혹이 제기된 원인이었던 만큼 기업 현실에 맞는 자격 기준을 적용해야 할 것이다.

기업의 사회적 책임이 강조되는 오늘날 다수의 기업도 준법경영의 중요성을 인식하고 있다. 그러나 준법경영이 필요한 것은 법을 지키는 그 자체가 목적이 아니라 더 나은 경영을 하기 위해서다. 따라서 새로운 제도를 도입하기 위해선 기업의 경영환경을 우선 고려해야 한다. '선의'의 정책이 기대하던 좋은 결과를 가져올 수 있도록 냉철한 현실 인식과 깊은 통찰이 더욱 요구된다.

달구지와 벤츠가 공존하는 시대

"방을 얻으려면 복덕방을 찾는 대신 신문 부고란을 보라."

1920년대 오스트리아 빈의 얘기다. 당시 집권여당은 무주택 서민의 고통을 덜어주려 임대료 동결제도를 내놨다. 농촌인구 유입으로 수도 빈의 임대료가 급등하는 데 따른 대응조치였다. 제도시행 초기 서민들은 주거비 걱정 없이 안정된 삶을 누리는 듯했다. 시간이 흘렀다. 집이 낡았지만 집주인은 보수를 포기했고, 세입자는 이사할 엄두를 내지 못했다. 주인들이 임대료 동결 효과가 반영된 고액의 임대계약을 요구했기 때문이다. 결국 세입자가 죽지 않으면 방을 구할 수 없을 정도의 주택난이 초래됐다. 게다가 임대료 동결로 주택 구입 동기가 사라져 건설투자가 위축됐고, 이는 도시 황폐화와 취업난으로 이어졌다.

좋은 정책을 펴기란 이처럼 매우 어려운 일이다. 예상치 못한 부작용이 나타나거나 정책입안자의 의도대로 시장이 움직여 주지 않기 때문이다. 지난주 19대 국회가 출범했다. 연말 대선 일정을 앞두고 정치권의 입법경쟁이 그 어느 때보다 치열할 전망이다. 입법

의도뿐 아니라 결과도 좋은 정책이 많이 나오기를 기대한다.

우리 사회는 지금 극심한 성장통을 겪고 있다. 전쟁 직후의 초빈곤 상태를 극복하려 효율과 성장을 우선시한 결과 양극화의 골이 깊어진 상태다. 세계초우량기업과 수십억 원대 연봉의 최고경영자(CEO)도 있지만 영세 무허가공장과 최저임금에도 못 미치는 비정규직 근로자도 많다. 말하자면 호롱불과 빅오쇼, 달구지와 벤츠가 공존하고 있는 셈이다. 지금까지 풍요사회 건설이 중요했다면 이제는 그 못지않게 함께 잘사는 사회를 만드는 일도 중요해졌다. 이런 점에서 정부가 공생발전을 추구하고, 정치권에서 복지사회를 화두로 삼는 것은 정책방향 면에서는 적절하다고 본다.

걱정되는 것은 정책효과다. 단적으로 대형마트를 한 달에 두 번 강제 휴점시키고 있는 사례를 살펴보자. 전통시장 소상인을 보호하려는 취지가 무색하게 주로 인터넷 쇼핑몰과 중형마트만 반사이익을 누리고 있지 않은가. 대형마트 휴업으로 수확시기를 놓친 농민들이 채소를 헐값에 처분하게 되었다는 소식도 들린다. 앞으로 새로운 정책을 선택하는 데 좀 더 신중할 필요가 있다는 생각이다.

대표적인 것으로 출자총액제한제 부활 논의를 들 수 있다. 이미 중소기업영역 보호를 위해 적합업종 선정제도를 도입한 마당에 중소기업 무관 분야에 대한 투자까지 총체적으로 규제하려는 것은 적절하지 않다. 세계시장에서 글로벌 초거대기업과 경쟁해야 하는 우리 대기업을 역차별하면서까지 이런 정책을 펴야 하는지 의문이다. 대기업이 새로운 비즈니스 분야에 활발하게 진출하면 협력 중소기업의 사업 기회와 청년들의 일자리가 다수 창출되는데도 말이다. 비정규직 근로자 문제도 좀 더 고민이 필요하다는 생각이다. 정규직 과보호 부담을 피해 비정규직을 활용하고 있는 것인데 정규직을 기준으로 비정규직 급여와 처우를 상향조정하게 되면 기업으로서는 그 부담을 감당하기 힘들다. 자칫 비정규직 채용을 최소화하거나 효율중시의 경영원리에 따라 국내에 투자하려던 것을 해외로 전환하는 결정을 내릴까 두렵다.

대기업과 부자에게 더 많은 세금을 물리자는 입법 논의도 그렇다. 현재도 1%의 대기업이 전체 세수의 80%를 내고 있고, 정직한 부자들은 소득의 38%를 세금으로 내고 있다. 부자가 된 것을 징벌하듯이 세금폭탄을 안기는 것보다는 세금탈루 방지 방안을 고민하는 것이 바람직하다.

오늘날 요람에서 무덤까지 완벽한 복지사회는 없다. 슬로건으로는 좋으나 현실적으로 달성하기는 어렵기 때문이다. 높은 수준의 복지혜택을 누려온 일부 유럽 국가들이 심각한 국가부도 위험에 직면한 상황을 보면 금방 알 수 있다. 복지사회로 가는 길은 탄탄대로가 아니며, 이정표도 없고 곳곳에 함정이 도사리고 있는 것이다.

한때 호전될 것으로 보이던 세계경제가 다시 어려워지고 우리 기업의 실적도 크게 후퇴하고 있다. 며칠 전 경제협력개발기구(OECD)에서 한국의 잠재성장률이 2018년 2.4%로 떨어질 것이라고 발표했다. 앞으로 20년 이내에 1%까지 추락할 것이라고 한다. 지금 정치권의 최대 과제는 사회의 나아갈 방향에 대해 비전을 제시하는 일일 것이다. 많은 분이 서민의 고통을 해결하기 위해 고민에 고민을 거듭하고 있는 게 사실이다. 현실을 직시하고 잠재된

위기요인을 함께 관리할 수 있는 대책, 결과도 좋은 그런 대책이 많이 나왔으면 하는 바람이다. 19대 국회의 의정활동에는 따뜻한 가슴과 냉철한 이성이 함께 발휘되기를 기대해본다.

애정남

"극장에서 오른쪽 팔걸이를 써야 할까, 왼쪽 팔걸이를 써야 할까?"

"결혼 축의금은 얼마를 내야 할까?"

최근 인기를 끌고 있는 개그콘서트의 애정남(애매한 것을 정해주는 남자)에서 나온 질문이다. 애정남은 팔걸이는 오른쪽을 써야 하고 축의금은 성수기(9~10월 등)에는 3만원, 비수기는 5만원을 내야 한다고 말한다.

우스꽝스러울 수도 있지만 생활 속에서 어느 것이 맞는지, 맞는 것이 없다면 어떻게 해야 혼란을 줄일 수 있을지 고민 속에서 나온 결론임에 틀림없다. 애매한 것들에 대한 규칙들은 '안 지켜도 쇠고랑 안 차고 경찰도 출동 안 한다'는 애정남의 말처럼 사람들의 불편을 줄일 수 있는 방향을 제시하는 데 그친다.

정부는 때때로 애매한 것들에 약간의 강제성을 두고 규칙을 정하기도 한다. 권위 있는 질서를 만들어 공공의 안녕을 구하기 위해서다. 대표적인 것이 우측통행이다. 좌측통행은 회전문 등 각종 시설

물을 이용하는 데 불편하고 대다수의 국가들도 우측통행 방식을 따르고 있어 정부는 지난해부터 우측통행을 시행하고 있다. 어느 것이 맞다고 하기는 어렵지만 통행문화 개선에 기여한 것은 분명한 듯하다.

정부는 기업 간 질서에도 개입해 애매한 것들을 정리해주기도 한다. 대기업과 중소기업 간의 영역이 어느 정도인지 논의하고 유통업체 판매수수료를 어느 정도로 할 것인지 가이드라인을 마련하기도 한다. 이 또한 어떤 것이 맞다고 하기 어렵지만 기업들 간의 관계에 변화를 줄 것으로 본다.

그런데 우측통행이 정상화될 때까지 상당한 기간이 걸렸다는 것도 알아야 한다. 어제까지 모두가 좌측으로 다니다 갑자기 좌측, 우측이 뒤섞여 다니는 불편을 겪기도 했다. 이런 통행규칙은 시민들 스스로가 그렇게 하는 것이 서로에게 득이 된다는 분명한 이해를 바탕으로 행해질 때 비로소 잘 지켜지기 때문이다.

기업 간의 문제도 그렇다. 단기적으로는 그러한 규칙들이 다소 어려운 기업들에게 도움이 될 수도 있다. 하지만 이런 규칙들이 자발적으로 지켜지지 않는다면 장기적으로는 시장의 효율성을 해칠 수도 있다. 함께하는 기업이 성장할 때 자신의 경쟁력도 높아질 수 있다는 것을 기업 스스로가 알고 자율적으로 실행할 수 있도록 해줘야 결국 정부정책도 바르게 실현될 수 있는 것이다. 우리 정부도 애정남처럼 기업들이 어떻게 해야 할지 모를 때 방향을 정해주는 정도만 해주면 어떨까. 쇠고랑 같은 것 없이 기업들이 자발적으로 공정한 사회에 기여할 수 있도록 말이다.

오~필승 IT 코리아!

다시 월드컵의 계절이다. "오~필승 코리아"를 외치는 붉은악마의 뜨거운 함성이 귓가에 들리는 듯하다. 지난 2002년 한일 월드컵 4강 진출과 지난해 월드베이스볼클래식(WBC) 준우승 등 명실상부한 스포츠 강국으로 자리매김한 우리나라가 이번에도 그 위상을 떨쳐주기를 기대해본다.

대한민국을 대표하는 또 하나의 수식어는 'IT 강국'이다. 반도체와 평판디스플레이, 휴대폰을 필두로 한 한국 정보기술(IT) 제품은 세계 시장에서 1, 2위를 다투며 승승장구하고 있고, 초고속 유선 인터넷망과 휴대폰 보급률 등 IT 인프라에 있어 우리나라는 세계 최고수준이다.

그런데 최근 IT 강국 코리아의 위상이 흔들리고 있다. 스마트폰 열풍으로 급변하고 있는 세계 모바일시장에서 강력한 소프트웨어 기반의 제품을 출시한 애플·구글 등에 밀리고 있다는 것이다. 스마트폰 혁명을 주도하고 있는 애플과 구글의 사례는 모바일 산업뿐만 아니라 IT산업 전반에서 경쟁력의 핵심이 제조기술에서 소프트웨어와 콘텐츠 중심으로 변화하고 있다는 점을 보여준다. 하드웨어 제조기술 중심인 우리의 IT 경쟁력에 빨간불이 켜진 것이다.

또한 국내 모바일 시장의 폐쇄적인 구조와 IT 관련 규제들로 '모바일 후진국'이라는 오명까지 쓸 위기에 처하게 됐다. 이를 반영하듯 최근 여러 국제기구가 발표한 IT 경쟁력 지수에서 한국의 순위가 눈에 띄게 하락하고 있다.

이에 정부는 최근 '스마트 모바일 강국'이라는 비전 아래 무선 인터넷 활성화 정책을 발표하고 규제 개선에도 힘쓰고 있다. 모바일 강국이 IT 강국임을 자각하고 재도약의 발판을 늦게나마 마련하고 있는 것이다. 이제 우리 기업들이 특유의 발 빠른 적응력을 발휘할 때다. 값싸고 튼튼한 제품을 만들어내는 제조기술만으로는 부족하다는 사실을 받아들이고 급변하는 글로벌 모바일 시장의 니즈를 충족시킬 수 있는 소프트웨어와 콘텐츠 개발에 역량을 집중해야 한다. 관련업계와 소비자가 모두 참여하는 개방적인 협력 네트워크의 구축도 필요할 것이다.

스피드와 끈기를 무기로 세계 그라운드를 누비는 태극전사들처럼 세계 최고 수준의 하드웨어 제조기술에 소프트웨어와 콘텐츠 개발 경쟁력까지 겸비한 우리 기업들이 세계 모바일시장을 주름잡는 모습을 그려본다. 대한민국이 모바일 강국으로 다시 우뚝 서기를 기대하면서 마음속으로 "오~필승 IT 코리아!"를 외친다.

영국 암호해독 비밀요원

제2차 세계대전이 시작될 무렵, 영국군에게 히틀러만큼이나 가장 큰 골치덩이는 독일군 암호기계 '에니그마(Enigma)'였다. 언뜻 봐서는 타자기처럼 생겼으나 내부의 복잡한 과정을 거치면 해독이 불가능한 난공불락의 암호체계로 유명했다.

이에 대한 해독기술이 없었던 연합군은 패배를 거듭하기 일쑤였다. 군사암호 전문가들로는 해독이 불가능하다고 느낀 영국 정보당국은 지난 1939년 '블레츨리 파크(Bletchley Park)'라 불리우는 시골 마을에 암호해독 본거지를 만들었다. 그리고 이집트 상형문자 전문가, 십자말풀이 전문가, 체스 챔피언, 당대 최고의 수학자 등 '의외의' 인물들을 비밀리에 불러모았다.

'복잡한 수학연산이 반영된 암호해독에는 수학적 이해력과 창의력이 필수'라고 생각한 정보국의 해법은 적중했다. 이듬해 3월 블레츨리 파크 요원들의 수학적 논리를 응용한 해독 시스템은 전세를 역전시키는 데 큰 공헌을 하였다. 게다가 암호해독 과정에서 발생한 연구의 부산물들이 훗날 응용과학의 초석이 되었다. 특히 암호해독을 위해 개발된 기계는 '현대적 컴퓨터'의 모태가 됐고, 암호해독 아이디어는 '인공지능'의 토대가 됐다. 기초과학의 힘을 여실히 보여주는 사례다.

사실 휴대전화, 컴퓨터, 자동차, 우주선을 만드는 데만 기초과학을 사용하는 시대는 이미 지났다. 수학공식으로 날씨를 예측하고 고수익 금융상품을 만들어낸다. 또 경기변동의 원인을 설명하고 정책효과를 분석해내는 데 미적분뿐만 아니라 물리학까지 동원되고 있는 현실이다. 이러한 중요성을 인식한 정부도 최근 기초과학에 대한 적극적인 투자에 나서고 있다. 올해 기초연구사업 예산은 지난해에 비해 12.7% 증가한 9451억 원으로 책정됐다. 여기에 연구가 실패하더라도 창의적 연구라면 지원을 끊지 않겠다는 '성실실패용인제도'도 도입한 상태다.

그러나 사회적 인식은 여전히 뒤처져 있다. 3년간 이공계 대학에서 이탈한 학생이 무려 5만6000명에 이르고 있고 신입생 정원을 못 채우는 기초과학 관련 학과가 흔하다.

기초과학은 직접적인 경제적 가치를 생산해내는 것이 아니다. 하지만 기초과학이 지닌 창의력은 모든 과학적 결과물의 모태가 되며 쉽게 따라할 수 없는 독특한 발명으로 이어진다는 것을 명심해야 한다. 한때 'IT 강국'임을 자부하던 우리의 최근 성적표는 초라하다. 일부 주장처럼 소프트웨어 산업에 대한 투자 부족이 이유일 수도 있다. 하지만 소프트웨어도 결국 수학적 논리의 산물임을 볼 때 지금 우리에게 가장 시급한 것이 무엇인지는 진지하게 고민해봐야 할 때다.

'문제는 정치야'

경제는 정치에 큰 영향을 미친다. 1992년 미국 대선에서 빌 클린턴 후보는 '문제는 경제야, 바보야(It's the economy, stupid!)'라는 구호로 재선에 나선 조지 부시 대통령을 꺾고 당선됐다. 논어에서도 정치를 '식량을 충분히 쌓고(足食) 군사를 충분히 보유하고(足兵) 백성의 신뢰를 얻는 것(民信之矣)'이라 한 것을 보면 정치에 있어 먹고사는 문제를 다루는 경제가 얼마나 중요한 지 알 수 있다.

한편 정치가 경제에 미치는 영향도 크다. 아담 스미스와 데이비드 리카르도가 '경제학(Economics)' 대신 '정치경제학(Political Economy)'이란 용어를 사용한 것은 이러한 상호관계를 보여준다. 의회에서 정치인이 만든 법률이 소비생활과 기업활동, 국가경제에 미치는 영향을 생각해보면 정치는 경제를 좌우하는 중요 요소라고 할 수 있다.

2012년은 정치의 해다. 전 세계적으로도 많은 선거가 있지만 우리도 4월 총선에 이어 12월 대선을 앞두고 있다. 20년 만에 입법

부와 행정부가 함께 바뀌는 해답게 대중매체에는 정치 뉴스가 넘치고 있다.

그런데 최근 정치를 바라보는 기업인들의 마음은 편치 않다. 20년 만에 양대 선거가 겹친 탓에 불확실성이 커진 점을 감안하더라도 불안의 체감도가 크다. 정치권에서 나오는 선심성 공약과 연속성이 결여된 정책들이 경제에 미칠 영향에 대한 우려 때문일 것이다. 대한상공회의소가 기업인을 대상으로 지난 3월 조사한 결과에 따르면 올해 선거가 예년보다 경제에 더 부정적인 영향을 줄 것이라는 의견이 56%로 과반을 넘었다.

정치는 국가경제의 미래를 결정하는 중요한 요소이다. 최근 영국의 경제주간지 이코노미스트는 브릭스(BRICS) 국가 중 고성장을 구가해 온 인도의 경제성장 마법이 풀려가고 있다는 기사를 냈다. 그 원인으로 이코노미스트는 인도의 정치를 지적했다. 개혁에 미온적인 정부, 당리당략에 휩쓸리는 의회, 그리고 심각한 부정부패 때문에 2004~2007년 평균 9.5%를 기록했던 인도 경제의 성장률이 지난 해 4분기에는 6.1%로 급락했다.

이웃 일본도 정치가 경제의 발목을 잡고 있다. 일본은 작년에 31년 만에 2조 5천억 엔의 무역적자를 기록하며 '잃어버린 10년'을 넘어 '잃어버린 20년'을 우려하고 있다. OECD 국가 중 가장 높은 수준인 국가부채를 줄이고 경쟁력 회복을 위해 경제개혁을 단행하려면 정치개혁이 선행되어야 하지만 20년째 지지부진한 상황이다. 1년마다 바뀌는 총리와 불안정한 정치가 일본의 환골탈태를 가로막고 있는 것이다.

　그렇다고 정치가 늘 경제의 발목을 잡는 것은 아니다. 유로존 위기 속에서도 나홀로 호황을 누리고 있는 독일을 보자. 2005년 12.5%를 기록했던 실업률은 현재 5.7%로 통일 이후 가장 낮은 수준이다. 독일 국채의 금리는 기축통화국인 미국의 경우보다 낮아 전 세계에서 가장 안전한 금융자산으로 인식되고 있다. 이런 상황이 가능케 된 데는 정권교체 여부에 관계없이 지난 10년간 지속적으로 추진되어 온 개혁정책과 정치적 안정이 큰 기여를 했다.

　한국은 지금 전환기를 맞고 있다. 짧은 기간에 산업화와 민주화를 모두 달성한, 세계 현대사에서 보기 드문 사례로서 선진국으로 발돋움하느냐 아니면 국민소득 2만 불 수준에서 주저앉느냐의 기로에 서 있다. 기업들도 선진사례를 좇아 빠르게 성장해온 추격자(Fast Follower)의 입장에서 새로운 가치창출과 제품개발을 선도하는(First Mover) 단계로 도약할 수 있느냐 없느냐의 갈림길에 있다.

　정치는 국가의 미래를 좌우한다. 올바른 정치는 다양한 이해관계와 갈등을 조정하고 단합을 이끌어 국민의 인간다운 삶을 가능케 한다. 정치의 조정기능은 실종되고 표를 의식한 갈등 조장과 정부의 재정건전성을 고려치 않은 포퓰리즘적 복지공약만이 난무한다면 한국도 정치가 경제의 발목을 잡은 사례로 남게 될 것이다. 좋은 정책의 연속성을 유지하고 경제의 적인 불확실성을 줄여주는 정치, 당장은 쓰더라도 장기적으로 국민 모두에게 득이 될 수 있는 정책과 비전을 제시하는 책임정치가 필요하다. 올해 우리에게 '문제는 정치'다.

에너지 절약 위해
'쿨비즈' 필요하다

　지구촌 기업들이 넥타이를 자르고 있다. 세계 최고의 인터넷 기업으로 꼽히는 구글에서는 노랑 머리, 빨강 머리, 검정 머리의 직원들이 반바지를 입고 잔디밭에 앉아 업무에 열중하고 있는 모습을 쉽게 볼 수 있다. 자유분방한 복장이 구글 고속성장의 밑거름이라는 말까지 나오고 있다. 얼마 전 우리는 청바지와 검은 터틀넥 셔츠, 그리고 운동화를 신고 나타난 기업인에게 열광한 적이 있다. 아이폰을 주머니에서 꺼내 든 스티브 잡스의 옷차림을 두고 패션 전문가들은 '신념을 구현하려는 성직자의 옷차림'이라고까지 평했다.

　서울시도 '원전 하나 줄이기' 정책 일환으로 에너지 절약 차원에서 넥타이와 재킷을 벗고 가벼운 차림으로 일하는 '쿨비즈 운동'을 펴고 있다. 이런 쿨비즈 운동은 무더위가 기승을 부리는 6~8월 실시되는데, 시민을 대하는 민원부서는 일부 예외를 두고 있다.

　일각에서는 공무원의 자율복장이 공무원의 권위와 품위를 해칠 수 있다고 우려하는 듯하다. 그러나 필자의 생각은 다르다. 며칠 전 예비전력이 350만kW 아래로 떨어지면서 정부는 제1단계 전력 비상조치를 발령했다. 예년보다 더욱 무더워진 올여름 전력난을 어떻게 넘길지 걱정인지라 서울시의 이러한 움직임은 그 어느 때보다 신선하게 느껴진다. 실제로 넥타이만 풀어도 체감온도가 2도 내려간다고 한다. 여기에 에어컨 설정 온도를 2도만 높여도 전국적으로 연간 760억 원을 절약할 수 있다고 한다. 이웃나라 일본은 여름철 4개월 동안의 쿨비즈 캠페인이 약 140만 톤의 이산화탄소 배출을 줄이는 효과를 낳는 것으로 추산하고 있는데 이는 300만 가구가 한 달 동안 내뿜는 배출량과 맞먹는다. 특히 일본은 동일본 대지진 이후 범국민 절전운동을 통해 전력 사용량의 20% 절감 목표를 달성하기도 했다.

사상 유례없는 전력부족이 예상되면서 서울시뿐 아니라 모든 경제 주체들까지 나서고 있는 판국이다. 경제계와 시민단체들이 힘을 합쳐 지난해 출범한 범경제계 에너지절약운동본부는 '50대 절전 행동요령'을 만들었고 6월부터 전국 14만 개 기업의 자발적 실천을 유도하고 있다. 원전 3기에 해당하는 전력량(300만kW)을 비축하자는 목표 아래 8월 초에 집중된 휴가를 8월 중순 이후로 분산하고 전력 사용 피크시간대를 피해 조업을 실시하고 있다. 얼마 전에는 지식경제부까지 나서서 '휘몰아치는 들판에 부는 시원한 바람 같은 옷'이란 의미의 에너지 절약형 의류 '휘들옷'을 저렴한 가격에 보급 중이다.

최근 미국 타임지는 불을 '제1 에너지', 석유를 '제2 에너지', 원자력을 '제3 에너지', 수소·태양에너지를 '제4 에너지', 그리고 에너지 절약을 '제5 에너지'로 꼽았다. 앞으로는 에너지 낭비를 없애는 것이야말로 에너지를 만드는 것 이상으로 중요하다는 뜻이다.

몇십 년이 지난 후에도 우리 아이들에게 만성적인 에너지 부족 상황을 남겨줄 것인지, 아니면 제5의 에너지를 통해 후손들에게 쿨라이프(Cool Life)를 물려줄 것인지 고민해봐야 할 때다. 시대는 항상 변하기 마련이다. 10여 년 전 시대의 흐름이냐, 전통이냐를 두고 격론을 벌였던 '여성 호주제'의 교훈을 다시금 되새겨보며, 전통이라 하여 무조건 수호하려고만 할 것이 아니라 시대가 요구하는 방향에 맞게 유연성을 발휘해야 할 때가 아닌가 한다.

충신과 양신

당 태종은 중국 역사에서 가장 이상적이고 모범적인 황제 중 한 명으로 평가받는다. 『정관정요(貞觀政要)』는 그가 신하들과 정치에 관해 논한 것을 후대에 엮은 책으로 제왕학의 교과서로 불린다. 이 책에 위징(魏徵)이라는 현명한 신하가 충신(忠臣)과 양신(良臣)을 구분해 설명하는 장면이 나온다.

위징은 당 태종에게 자신을 충신이 아니라 양신이 되게 해달라고 요청한다. 이에 황제는 충신과 양신이 어떻게 다른지 묻는다. 위징은 이렇게 답한다.

"충신은 바른말을 해 자신은 죽게 되고 군주에게는 폭군이라는 오명을 씌우는 신하다. 그러나 양신은 자신도 세상의 칭송을 받고 군주에게는 명군(名君)이라는 명예를 얻게 하는 신하다."

위징이 말하는 양신은 목표를 중시하고 이를 달성하기 위해 주변을 지혜롭게 설득하는 사람이다. 이런 유형의 인물은 필요하면 얼마든지 자신을 굽힐 수 있고 돌아서 갈 줄 안다. 이에 비해 충신은 목표의 달성 여부보다 소신이 중요한 사람이다. 강직하다는 평가를 받을 수 있지만 상대방의 입장은 안중에 없다. 달리 표현하면 양신은 실질을 중히 여기고 충신은 명분을 중시한다고 할 수 있다.

우리나라에서는 죽음을 불사하며 직언을 서슴지 않는 충신을 양신보다 높이 평가하는 문화가 있는 것 같다. 또 역사 속에서 충신을 떠올리기는 쉬워도 양신을 찾기는 어렵다. 굳이 꼽자면 조선 효종 때 정승인 김육 정도가 양신의 반열에 들 수 있지 않을까. 그는 백성의 삶을 실질적으로 개선하기 위해 임금과 반대 세력을 꾸준히 설득해가며 충청·호남으로 대동법을 확대 실시하는 데 주도적 역할을 했다.

그때로부터 400년 가까운 시간이 지났지만 지금도 바람직한 위정자의 모습은 다르지 않다. 정책을 입안하고 실행하는 자는 모름지기 충신보다 양신이 되도록 노력해야 한다. 선명한 명분과 이념을 내세워 국민에게 당장 듣기 좋은 말을 하기는 쉽다. 그러나 그렇게 해서는 복잡한 이해관계를 제대로 조정할 수 없고 반드시 부작용이 따르게 마련이다. 양신은커녕 간신(奸臣)이 되기 십상인 것이다. 또 좋은 정책을 내놓는 데 그친다면 충신에 불과하다. 양신이라는 평가를 받으려면 올바른 정책을 성공적으로 실행해 국가를 부강하게 하고 국민의 생활을 실제로 개선하는 데까지 나아가야 한다.

복잡한 문제도 양신의 관점으로 보면 해법을 찾는 데 도움을 받을 수 있다. 예를 들면 복지확대는 매우 명분 있는 정책이지만 부작용과 지속 가능성까지 충분히 고려해 결정해야 한다. 한 번 시행된 복지제도는 다시 거두어들이기 어려운 반면 재정에 미치는 영향은 매우 크기 때문이다. 특히 지금 우리의 경제 수준을 냉정히 평가한다면 급격한 복지확대는 북유럽식 유토피아보다 남유럽식 디스토피아로 이어질 가능성이 없지 않다.

경제민주화나 동반성장 문제도 마찬가지다. 중소기업 적합업종 지정이나 대형마트 영업시간 규제 등 대기업에 대한 직접적 영업규제는 얼핏 속 시원한 대책으로 보인다. 하지만 이것이 진정한 상생이 될지는 따져볼 여지가 있다. 소비자 후생의 감소 문제는 차치하더라도 대기업과 함께 성장하거나 이익을 공유하는 수많은 납품 · 입점 업체와 종사자의 희생이 불가피하기 때문이다. '충신형(型)' 대책은 될지 모르지만 '양신형'의 지혜로운 해법과는 거리가 있어 보인다는 의미다.

우리사회의 난제 중 하나인 비정규직문제 역시 정규직화란 명분만 앞세워서는 해결책을 찾기 어렵다. 몇 년 전 비정규직 사용을 제한하는 법률을 만들었지만 효과는 크지 않다. 한 곳에서 계속 일하고 싶은 근로자의 일자리를 잃게 하는 경우도 많았다. 비정규직을 쓸 수밖에 없는 기업 현실을 도외시한 정책이기 때문이다. 오히려 비정규직 근로자의 직업능력을 적극 계발해주고 불합리한 차별을 개선하는 데 노력했다면 이들의 삶이 훨씬 나아지지 않았을까.

위징의 후예답게 덩샤오핑은 "검은 고양이든 흰 고양이든 쥐만 잘 잡으면 된다"는 실용적 흑묘백묘론으로 중국의 고속성장을 이끌어냈다. 최근 새 정부가 출범했다. 새 정부가 부디 헛된 명분을 앞세우는 충신이 되지 말고 실질을 추구하는 양신의 자세로 5년간의 국정을 이끌어 아름다운 이름을 오랫동안 남기길 기원한다.

도약이냐 정체냐···
새 대통령이 30년을
좌우한다

한 세대는 보통 30년이다. 사람이 태어나 서른 살이 되면 사회에서 제 몫을 할 나이가 시작된다. '장강의 뒷물결이 앞물결을 밀어내고 한 시대의 새 사람이 옛사람을 바꾼다(長江後浪推前浪 一代新人換舊人)'는 말처럼 이전 세대는 새 세대의 등장과 함께 서서히 역사의 뒤안길로 사라진다. 하지만 앞선 세대는 그들이 남긴 족적에 따라 후세대에게 평가를 받는다. 그것은 되찾고 싶은 영광의 시대일 수도, 지워버리고 싶은 치욕의 시대일 수도 있다.

역사를 보면 한 세대의 대응에 따라 국가의 운명이 결정됨을 알 수 있다. 독일은 19세기 중반까지 수십 개의 군소국가로 분열돼 있었다. 그러다 19세기 후반 프로이센 재상에 오른 비스마르크의 강력한 추진력에 힘입어 강대국인 오스트리아·프랑스와의 전쟁에서 연이어 승리하고 마침내 1871년 통일을 이룬다. 이후 독일은 국가 주도의 공업 육성정책을 통해 산업화에도 성공한다. 철혈재상 비스마르크의 재임기간은 1862년부터 1890년까지 약 30년이다. 한 세대 만에 독일을 세계 열강의 하나로 끌어올린 것이다.

일본은 1854년 페리 제독의 위협에 굴복해 강제 개항을 했다. 잠시 혼란이 있었으나 메이지 유신(1867년)을 통해 극복했고, 이후 일본은 발 빠르게 근대국가, 산업국가로 변신해나갔다. 1895년 청일전쟁의 승리는 일본이 동아시아 최강국으로 등극했음을 세계에 과시한 사건이다. 메이지 유신부터 청일전쟁까지는 겨우 30년, 한 세대가 걸렸을 뿐이다.

반면에 우리에게 구한말 30년은 뼈아픈 역사로 기록된다. 강화도조약(1876년)에 의한 개국은 메이지 유신 10년 후였다. 일본은 구미의 선진문물을 배우기 위해 1871년 이와쿠라 사절단을 보냈는데 조선 역시 그로부터 10년 후 조사시찰단을 파견했다. 당시의 10년 차이는 충분히 극복 가능한 시간이 아니었을까. 그러나 조선은 시대 흐름에 제대로 대처하지 못했고 결국 국권상실로 이어졌다.

그러나 우리에게 부끄러운 선배 세대만 있는 것은 아니다. 경제개발을 시작한 1962년부터 문민정부가 출범한 1993년까지 30년은 산업화와 민주화를 함께 이룩한 시대다. 아프리카 최빈국보다 가난했던 나라가 30년 사이에 선진국의 문턱까지 올라섰다. 한국에서 민주주의를 기대하는 것은 쓰레기통에서 장미꽃이 피기를 바라는 것과 같다는 비아냥을 받던 나라가 이 기간에 민주주의를 정착시켰다. 불과 한 세대 만에 이뤄낸 비약이다.

범위를 기업으로 국한해도 한 세대의 힘을 알 수 있다. 삼성전자는 1983년 반도체사업에 과감히 도전해 30년 후 세계 최고의 전자·정보통신 기업으로 올라섰다. 현대자동차는 1976년 에콰도르에 포니 다섯 대를 처음 수출한 이래 30년 만인 2006년 세계 6위의 자동차 회사로 발돋움했다. 모두 한 세대 동안 최고경영자를 비롯한 기업의 구성원이 열정을 쏟아부은 결과다.

한 세대 30년은 이처럼 국가와 기업의 명운을 좌우할 수 있는 시간이다. 시대의 전환기에는 그 의미가 더욱 커진다. 그만큼 당시 주역을 맡고 있는 세대의 깨어 있는 정신과 단결된 힘, 이를 이끄는 리더의 역할이 중요하다. 더구나 국가 간 경쟁이 치열해지고 기술이 급변하는 오늘날임에랴.

대선기간 동안 우리 사회가 해결해야 할 많은 과제가 제기됐다. 올 한 해 최대 화두였던 경제민주화를 비롯해 복지·노동 등의 문제를 두고 치열한 논쟁이 있었다. 그러나 어느 시대건 먹고사는 문제, 즉 경제만큼 중요한 과제는 없다. 이 과제를 제대로 해결하자면 중심에 기업이 활기차게 뛰게 하는 정책을 둬야 한다. 중국이 개혁·개방 노선을 걷기 시작하고 30여 년 만에 주요 2개국(G2)으로 부상했듯 국리민복은 결국 시장을 중시하는 경제체제가 가져오는 것이다.

이제 새 대통령이 선출됐다. 박근혜 당선인은 기쁨에 앞서 막중한 책임감을 느끼리라 생각한다. 특히 향후 5년은 우리나라가 도약이냐 정체냐의 갈림길에 들어서는 매우 중요한 시기가 될 것이다. 새 대통령으로부터 시작되는 다음 한 세대가 미래에 영광과 번영의 시기로 기억되길 소망한다. 그 첫출발은 어느 시대나 그렇듯 현실을 직시하는 경제정책에서 비롯될 것이다.

새 대통령에 바란다…
경기부양 적극 나서야

　기원전 4세기경 스무살에 마케도니아 왕이 된 알렉산더 대왕은 집권 초 아테네·테베 등이 일으킨 반란을 100일 만에 진압해 대제국 건설의 기반을 마련했다. 지난 1933년 대공황에 빠진 미국의 대통령이 된 프랭클린 루스벨트는 취임 후 100일 동안 15개 법안을 통과시키며 불황을 타개할 수 있는 제도적 기반을 마련하고 경제적 안정을 이뤄냈다. 집권 초 신속하고 과감한 선택으로 한 나라를 안정적으로 이끌어간 사례다. 대통령과 최고경영자(CEO)의 성과를 평가하는 중요한 척도인 '첫 100일'의 유래이기도 하다.

　18대 대통령 선거가 끝났다. 2개월 뒤면 5년간 우리나라를 이끌어갈 새 대통령의 임기가 시작된다. 국민의 선택이 끝난 지금 변화에 대한 기대와 뭔가 더 나아질 것이라는 희망이 그 어느 때보다 크다. 알렉산더 대왕과 루스벨트 대통령처럼 새 대통령이 첫 단추를 잘 끼워 우리나라를 잘 이끌어줬으면 하는 바람이다.

　대통령 당선인은 지금 바로 새로운 시작을 준비해야 한다. 전문가들은 취임 후 100일 안에 어떻게 틀을 잡는지가 대통령의 성공

여부를 좌우한다고 말한다. 아직 취임 전이지만 새 정부가 성취하려는 목표와 재임기간 중 할 일을 규정하고 어떻게 추진해나갈지를 구체화시켜야 한다. 설득력 있는 비전과 실천 가능한 정책으로 국민에게 희망을 심어줘야 한다. 선거를 치르면서 심화된 대립과 갈등을 완화하고 사회를 통합하는 노력도 필요하다. 비판의 목소리에 귀 기울이고 국민을 설득하는 대화와 소통을 통해 지지기반을 넓혀 국력을 한 곳으로 모아야 한다. 그리고 국가경제 발전과 국민의 삶 향상에 최선을 다해야 한다.

가장 중요한 것은 선진국으로 진입할 수 있는 지속 가능한 경제전략이다. 우선 집권 초기에는 경기부양에 적극 나서야 한다. 소비·투자심리가 위축돼 있어 불황이 장기화되지 않도록 재정지출을 비롯한 다양한 경기부양대책을 계속 추진해야 한다. 그동안 우리 경제의 성장을 주도해온 수출이 올해 감소세를 기록하고 내년에도 크게 개선되기 어려울 것으로 예상되는 만큼 수출금융과 해외마케팅 지원을 강화하는 등 수출 촉진에도 힘써야 한다. 우리 경제에 큰 부담을 주고 있는 부동산시장 침체와 가계부채 증가에도 대비해야 한다. 경기가 살아나고 경제가 성장해야 경제민주화, 일자리 창출, 복지 확대 등 새 정부가 주장하는 정책들도 무리 없이 추진할 수 있다.

장기적으로는 우리 경제의 성장잠재력을 높여야 한다. 외환위기 직전까지만 해도 6% 수준이던 성장잠재력은 지금 3%대까지 떨어졌다. 급속한 저출산·고령화와 함께 장기 저성장의 늪에 빠질 것으로 우려되는 까닭이다.

　새 대통령은 성장의 주역인 기업이 제 역할을 할 수 있게 해줘야
한다. 각종 규제와 세제, 노동관련 제도를 기업의 경쟁력을 높이는
방향으로 개선하고 기업하기 좋은 환경을 만들어 국내외 기업들이
투자할 수 있게 유도해야 한다. 적극적인 연구개발과 신성장동력
육성으로 경제의 활력을 되찾고 생산성 향상을 촉진하는 노력도 계
속해야 할 것이다. 경제의 근간인 중소기업의 경쟁력을 높이기 위
한 지원도 아끼지 말아야 한다.

　새 정부는 성장·복지를 함께 추구하며 경제를 활성화하고 선진
국 경제로 진입할 수 있는 기반을 다져야 하는 어려운 과제를 안고
있다. 온 국민과 정부가 힘을 합쳐야 가능한 일이다. 당선인이 확
고한 미래 비전과 정책으로 국민의 신뢰를 받고 지속 가능하고 안
정적으로 성장하는 대한민국을 이끌었다는 평가를 받는 성공한 대
통령이 돼주기를 바란다.

응용기술 개발 소홀해선 안 돼

우리나라는 과학기술 발전에 바치는 열정이 그 어느 나라 못지않아 2010년 R&D 투자에 총 43조9000억 원을 투입했다. GDP의 3.74%로 세계 3위다. 특히 19개 정부출연연구소를 두어 정부 주도형 R&D를 추진해왔는데 반도체산업 성공의 발판이 된 4M DRAM, 이동통신 강국의 출발점인 CDMA 상용화 기술 등이 대표적 개발 사례들이다.

그런데 최근 산업기술 강국의 모태 역할을 해온 정부출연연구소 기능을 재정립하고 소관 부처를 재조정할 방침이라고 한다. 정부출연연구소는 이제 응용기술보다 기초기술 연구에 주력해야 한다는 과학계의 목소리가 높아지고 있는 것을 빌미로 지난해 4월 상설 정부 부처로 출범한 국가과학기술위원회가 정부출연연구소를 직접 관장함으로써 국가 R&D의 일관성과 효율성을 확보하겠다는 취지에서다.

물론 정부출연연구소의 역할과 소관을 일원화하면 현재처럼 기초기술 부문은 교육과학부가 관장하고 산업기술 부문은 지식경제부가 관장하는 데서 비롯되는 중복연구 등의 문제를 해결하는 데 도움이 될 것이다. 다만 기초기술 연구와 응용기술 연구는 경제학과 경영학, 화학과 화학공학처럼 비슷하지만 다른 점도 많다는 걸 인식해야 하며, 통합운영의 이익보다 더 많은 것을 산업기술 분야에서 잃을 수 있음을 유념했으면 한다.

사실 정부출연연구소의 역할을 미국처럼 민간이 하지 않는 우주항공기술이나 국방기술 개발 등으로 한정한다면 이런 논란은 일어날 이유가 없을 것이다. 그러나 후발 개도국의 추격을 뿌리치고 선진국과의 기술격차를 극복하지 못하면 현재의 지위조차 유지하기 힘든 현실을 감안할 때 산업기술력을 높이는 일도 기초과학 발전 못지않게 중요한 과제다. 10년 후 신성장동력에 대한 R&D 투자규모가 미국의 9분의 1, 중국의 3.5분의 1, 일본의 3분의 1 수준에 불과한 만큼 응용기술 개발에 좀 더 집중할 필요가 있다.

중소기업을 글로벌 히든챔피언으로 육성하는 일에도 정부출연연구소의 지원이 절대적으로 필요하다. 학계와 공동으로 기초기술을 개발하는 일 못지않게 기업과 함께 응용기술을 개발하는 일 역시 정부출연연구소의 핵심역할이라는 점을 재인식했으면 한다.

우리나라 R&D 투자자금의 75%를 기업이 대고 있지만 연구를 수행하는 박사급 인력은 81.7%가 대학과 국책연구소에 소속되어 있다. 정부출연연구소 도움 없이 기업의 힘만으로 기술개발 경쟁을 이겨내기 힘들다.

노벨경제학상 수상자인 틴베르헨은 둘 이상의 정책목적을 달성하려면 둘 이상의 정책수단을 동원해야 한다고 말했다. 기초기술과 응용기술의 연관성을 중시해서 한 마리 호랑이에 맡기기보다 두 마리 사냥개에게 각각 맡기는 것이 더 효과적이지 않을까 한다. 시장변화를 잘 읽는 기업과 정부출연연구소가 앞으로도 산업경쟁력 발전을 위한 쌍두마차 역할을 계속해나갔으면 하는 바람이다.

이대로 야간집회를
자유화하려는가

우리 사회는 자신의 주장이나 이익을 관철시키기 위해 집단의 힘을 과시하는 풍조가 뿌리 깊다. 인구 100만 명당 집회와 시위 건수를 봐도 서울은 736건으로 워싱턴의 3.5배, 도쿄의 12배에 이른다.

집회가 불법 폭력사태로 변질되면서 불행한 일이 발생하는 경우도 적지 않다. 지난해 벌어진 용산참사가 그 단적인 예다. 준법질서를 확립하고 올바른 집회문화를 정착하는 일이 시급한데도, 관련제도의 공백이 문제의 심각성을 더하고 있다. 그동안 금지됐던 야간집회가 이달부터 사실상 자유화되면서 대한민국은 치안유지에 '빨간불'이 켜졌다.

야간집회 자유화는 국민적 합의를 거쳐 정책적으로 추진된 사항이 아니다. 헌법재판소가 지난해 9월 집시법의 야간집회 금지 조항에 대해 헌법불합치 판결을 내리고 법률적 효력이 인정되는 시한을 지난달까지 정했지만 국회가 그 후속 조치를 제때 못해 공백이 생긴 것뿐이다. 헌재가 위헌판결을 내린 것은 집회금지 시간대인

'야간의 범위'가 여름과 겨울이 서로 달라 국민의 기본권을 과도하게 제약할 수 있다는 취지였다. 국회도 지난해 11월 야간 범위를 오후 10시부터 다음날 오전 6시까지 구체화한 내용의 입법안을 발의하기도 했다. 그러나 국회가 이 법안을 헌재가 정한 시기까지 처리하지 못해 이제는 신고만으로 자유롭게 야간집회를 열 수 있게 됐다. 금지 법안이 필요한 이유는 분명하다.

6·2지방선거에서도 드러났듯이 우리 사회는 극심한 국론분열 상태에 있다. 4대강 사업이라든가, 세종시 문제는 물론 최근 천안함 사태에서도 여와 야의 입장이 다르다. 또 정부와 지방자치단체, 사회단체, 국민의 목소리가 제각각이다. 집회·시위와 관련한 과거의 혼란상을 생각할 때 야간집회 자유화 이후 어떤 일이 일어날지 불안한 마음을 떨치기 어렵다.

새로운 경제질서 모색을 위한 지구촌의 운영체제인 'G20 정상회의'가 5개월여 앞으로 다가왔다. 세계 정상회의 의장국으로서의 위상을 지구촌 곳곳에 떨칠 기회지만 경우에 따라서는 광화문 광장에서 대규모 촛불집회가 열리고 이런 모습이 세계 언론에 '클로즈업'될 수 있다. 지난해 영국과 미국에서 열린 G20 회의가 세계화 반대시위로 얼룩졌던 점을 간과해선 안 된다.

남아공월드컵에서 우리 선수들은 '원정 16강 진출'이라는 꿈을 달성했고, 국민들에게 자신감을 심어줬다. 이제 2018년 동계올림픽과 2022년 월드컵 유치라는 또 다른 꿈에 도전하고 있다. 대회 유치에 성공하려면 국제사회에 우리의 강점을 알려야겠지만 법제도를 정비하고 성숙한 준법문화를 형성해 집회와 시위로 인한 사회

불안을 막는 것도 그에 못지않게 중요하다.

진보 진영에서는 영국이나 독일처럼 우리도 야간집회금지제도를 없애야 한다고 주장하는 것으로 알고 있다. 그러나 이들 나라에는 야간에 집회와 시위 자체가 거의 없다. 선진국의 제도를 부러워하고 이를 도입하기에 앞서 우리 자신부터 냉정히 돌아봐야 한다. 야간집회가 자유화되면 온갖 구호와 주장들이 넘쳐나는 사회 혼란상이 되풀이될 수 있다는 점을 잊지 말아야 한다. 정치권의 일정이 바쁘고 다른 중요한 입법 과제도 많겠지만 야간집회금지제도의 보완 입법을 하루빨리 서둘러주기를 바란다.

성 장
TALK

날씨시장 찾은 워런 버핏

"'날씨가 세계경제의 80%를 좌우한다'는 말이 있을 정도로 날씨가 기업활동과 국민생활에 미치는 영향이 커지고 있다. 무쌍(無雙)한 기상환경 변화 속에 기업경영에 미치는 치명적 위협을 최소화하고 새로운 기회를 찾기 위해 적극 나서야 할 때다"

워런 버핏이
날씨시장으로 간 까닭은

2005년 8월 허리케인 '카트리나'가 미국을 강타해 루이뷔통 같은 명품업체가 초비상이 걸린 적이 있다. 세계 악어가죽 공급의 85%를 차지하는 루이지애나주 양식 악어 150만 마리가 거의 죽어 악어가죽 가격이 폭등했기 때문이다. 2만1000달러(약 2400만 원)짜리 루이뷔통 악어가죽 재킷은 생산이 중단됐고 살바토레 페라가모 악어구두 가격도 두 배가량 치솟아 큰 피해를 봤다. 이때 수익을 거둔 이도 있었으니 바로 투자의 귀재 워런 버핏이다. 카트리나에 놀란 플로리다 주정부는 워런 버핏과 '허리케인 피해가 발생하면 (버핏이) 40억 달러의 주정부 채권을 매입한다'는 헤지(위험 대비) 계약을 맺었다. 피해 복구 자금줄을 마련해놓으려는 것이었다. 하지만 이듬해 허리케인은 잠잠했고 버핏은 헤지 계약의 대가로 2억2000만 달러(약 2500억 원)를 고스란히 챙겼다.

『워런 버핏이 날씨시장으로 간 까닭은』이란 책에 소개된 일화다. 최근 지구온난화와 이상기후로 경제기상도가 급변하고 있다. 우리도 예외는 아니어서 104년 만의 가뭄과 연일 35도를 훌쩍 넘는 무

더위가 지속되는가 하면 난데없이 국지성 폭우가 쏟아지기도 했
다. 이에 따라 국내 산업계도 희비가 엇갈리고 있다.

폭염이 이어지던 얼마 전으로 돌아가보자. 불황 속에서도 반짝특
수를 누린 제품이 꽤 많았다. 한 대형마트의 여름 장부를 들여다보
면 에어컨은 진열상품까지 동나는 품귀현상을 빚으며 40% 매출
증가를 기록했고 대형 선풍기는 57%, 쿨매트는 100배 이상 판매
가 늘었다. 열대야 속 '치맥(치킨과 맥주)'을 즐기려는 사람도 늘어
수입맥주가 59%, 치킨은 30% 껑충 뛰었다고 한다. 반면 지구촌
폭염과 가뭄의 여파로 밀 · 옥수수 · 대두 가격이 오르면서 이르면
올해 말 밥상물가가 들썩이는 애그플레이션을 경험할 것이란 분석
도 나오고 있다.

기업에 날씨는 이제 필수 체크포인트다. 상품마다 잘 팔리는 온
도부터 따로 있다. 반소매셔츠는 섭씨 영상 18도부터 많이 팔리고
에어컨은 19도, 아이스크림은 22도부터라고 한다. 온도가 더 오
르면 수박(26도), 방충제 · 물티슈(29도)가 제철을 만난다. 반대
로 온도가 내려갈 때는 13도부터 뜨끈한 어묵이 잘 팔리고 스웨터
(영하 4도), 오리털 파카(영하 8~10도) 순으로 판매가 늘어난다.

이제 '비 오면 짚신장수 아들 걱정, 안 오면 우산장수 아들 걱정'
식으로 앉아서 날씨만 걱정할 게 아니다. 날씨를 유가나 환율 · 금
리처럼 중요한 경영변수로 인식해야 한다. 나아가 기상이변을 새
로운 사업 기회로 활용해야 할 필요성도 엿보인다.

기상선진국 미국은 기상시장 규모만 9조 원이다. 1500억 원에
불과한 국내 시장에 견줘보면 어마어마하다. 1980년대부터 매년

평균 5%씩 꾸준히 성장하다가 카트리나로 수천 명의 피해가 발생한 이후에는 4.5배 수준까지 급팽창했다.

기상산업은 일자리의 보고이기도 하다. 미국은 기상정보를 다루는 방송·신문 등을 비롯해 기상관측기기, 기상컨설팅, 기상시스템 개발 등의 분야에서 4만여 개의 일자리를 만들어냈다. 폭우나 폭염으로 인한 피해를 보상해주는 '날씨보험'이나 '날씨 파생상품'도 선보이고 있다. 기상이변 피해를 감정하는 '기상감정사', 기상재해를 대비해 주는 '재해 컨설턴트' 등 이색 직업도 생겨나고 있다.

최근 우리 정부도 다양한 기상산업 육성정책을 내놓고 있다. 올해부터 기상정보를 활용해 피해에 대비하고 수익을 창출하는 기업에는 '날씨경영인증'을 해주고 있다. 9월부터는 날씨(weather)와 내비게이션(navigation)을 합친 '웨비게이션'도 출시한다. 차량이 있는 지역의 기온과 습도, 안개, 도로 결빙 같은 세세한 기상정보를 제공해 교통사고를 방지한다는 것이다.

'날씨가 세계경제의 80%를 좌우한다'는 말이 있을 정도로 날씨가 기업활동과 국민생활에 미치는 영향이 커지고 있다. 적벽대전에서 제갈량이 그랬던 것처럼 꿇어앉아 기도만 하다간 기상이변의 피해를 고스란히 떠안을 뿐이다. 무쌍한 기상환경 변화 속에 기업경영에 미치는 치명적 위협을 최소화하고 새로운 기회를 찾기 위해 적극 나서야 할 때다.

관광객 유치 확대 위한 조건

얼마 전 흥미로운 뉴스를 보았다. 한국을 찾은 중국인 관광객 사이에 뜻밖에도 이화여대 정문이 관광명소로 불리고 있다는 내용이었다. "이화여대 정문에서 사진을 찍으면 시집을 잘 간다" "이화여대 거리를 왔다가면 부자가 된다"는 소문이 중국인들 사이에서 퍼지고 있기 때문이라고 한다. 이런 얘깃거리 하나가 관광객을 불러모으고, 주변 상권에는 예상치 못했던 호황을 누리게 해주고 있는 것이다.

최근 중국에서는 해외여행 붐이 일고 있다. 2009년 한 해 4765만 명의 중국인이 해외여행을 떠났고, 올해는 2009년보다 13% 증가한 5400만 명의 중국인이 해외여행에 나설 것으로 전망된다. 한국의 전체 인구보다 더 많은 규모다. 2020년에는 중국인 해외관광객 수가 한 해 1억 명 이상이 될 것이라는 예상도 나오고 있다.

한국을 찾는 중국인들도 크게 증가했다. 올 8월까지 방한 중국인 관광객은 전년 동기 대비 44.6% 증가한 126만 명으로 2009년 전체 실적인 134만 명을 조만간 넘어설 것으로 보인다. 일본인 관광객이 많이 찾기로 유명한 부산도 지난 7월 최초로 중국 관광객이 일본 관광객을 추월했다.

중국인 관광객이 늘어나면서 한국 사회에 크고 작은 변화가 일어나고 있다. 이화여대 주변이 관광명소로 뜨고 있고, 최근엔 서울 영등포가 숙박대란의 반사이익을 얻고 있는가 하면, 텅 빈 공항의 대명사였던 청주국제공항이 올 상반기 노선 평균 탑승률(좌석 대비 승객 비율) 1위를 기록하기도 했다. 증권가에서는 항공주나 호텔주, 중국인들이 즐겨 찾는 국내 화장품주 등이 주목받고 있다고 한다.

하지만 13억 중국 인구의 규모를 놓고 볼 때 이러한 현상은 시작에 불과하다. 지난해 해외관광을 나선 중국인은 전체 인구의 3.7%뿐이다. 그 3.7%의 2.8%인 134만 명만이 한국을 방문한 것이다. 일본을 제치고 세계 2위 경제대국으로 부상한 중국의 관광 러시는 앞으로도 한동안 이어질 것이다. 한국은 물론 일본, 대만, 동남아시아 등이 경쟁적으로 중국인 관광객 유치에 나서는 이유가 바로 여기에 있다.

한국을 방문하는 중국인들이 늘고 있는 것은 반가운 일이다. 하지만 중국 관광객을 많이 유치하는 것만이 능사는 아니다. 지금 막 해외여행에 눈뜨기 시작한 중국인들에게 한국 관광의 이미지를 어떻게 심어놓느냐에 따라 향후 한국 관광의 미래가 좌우된다고 해도 과언이 아닐 것이다.

정부는 8월 말 중국인 관광객 유치에 시급한 숙박 · 음식 · 가이드 · 쇼핑 등 4개 부문에 대한 대책을 발표했다. 늦은 감은 있지만 지금이라도 '중국 관광객 유치 전담반'이 구성되고, 서비스 개선 대책이 마련된 것은 다행스러운 일이다. '중국 관광객 유치 전담반'에서는 단기적인 유치 성과에 집착하지 말고, 한국 관광에 대해 좋은 이미지를 심는 데 더욱 주력해야 할 것이다. 관광 분야도 이제는 어엿한 국가적 산업으로 발전할 수 있는 계기를 하나하나 만들어가야 한다.

아울러 중국 관광객의 선호도를 면밀히 분석해 상품 가치를 높이는 노력도 필요하다. 직업·연령·지역 등 그룹별로 선호하는 관광지·쇼핑·호텔·음식을 분석해 관광업계나 지역 기업들이 적극 활용할 수 있도록 해야 한다. 젊은 중국인들에게는 그들이 좋아하는 관광지와 먹을거리, 쇼핑거리를 제공하고, 노부부에게는 그들이 만족할 만한 경험과 추억거리를 만들어줄 때 한국 관광의 만족도와 이미지는 자연스럽게 높아질 것이다. 중국인들에게 '특별한 추억거리를 간직한 나라' '다시 방문하고 싶은 첫 번째 나라'로 불릴 수 있도록 업그레이드된 관광 한국의 모습을 만들어 나가는 데 힘을 모아야겠다.

창업과 '건축학 개론'

「건축학 개론」이 한국 영화로서는 오랜만에 흥행몰이를 하고 있다. '우리 모두는 누군가의 첫사랑이었다'는 카피를 내세운 이 영화는 첫사랑의 추억을 간직하고 있는 많은 이들의 심금을 잔잔히 울린다. 삐삐와 펜티엄 컴퓨터 같은 복고풍 소재, 주제곡인 전람회가 부른 '기억의 습작'은 1990년대에 청춘의 한 시절을 보낸 3, 40대의 감성을 자극하기에 충분해 보인다.

영화 속에서 여주인공 서연을 위해 지어지는 집 또한 잔상을 오래 남긴다. 바다를 향해 낸 넓은 창이 인상적인 이 집은 제주도의 뛰어난 풍광을 끌어들인다. 필자 역시 저런 집에 살아봤으면 싶다. 창문을 열면 푸른 바다가 펼쳐지고 석양녘에는 붉은 노을이 거실을 물들이면 좋겠다. 밤이면 지붕 위로 수많은 별들이 쏟아질 것처럼 빛날 것이다. 또 폭풍우가 몰아쳐도 집에만 있으면 평화로움을 느낄 만큼 튼튼했으면 한다.

이런 생각을 하노라니 집을 설계하고 건축하는 일이 사업을 기획하고 실행하는 창업의 과정과 비슷하다는 생각이 든다. 대학에서 건축공학도가 기초과목으로 수강하는 '건축학 개론'에는 건축물이 갖춰야 할 세 가지 기본요건이 나온다고 한다. 건축물을 세운 목적을 충족시켜야 하고, 구조상 튼튼해야 하며, 아름다워야 한다는 것이다.

창업에도 세 가지 기본요건이 필요하다. 자영업처럼 조그마한 가게를 열든, 새로운 아이디어를 기반으로 벤처기업을 세우든 다르지 않다. 우선 사업의 목적은 이윤을 남기는 데 있으므로 재화나 서비스를 팔아 수익을 낼 수 있어야 한다. 또 시장 상황이나 경기 변동에 쉽게 흔들리지 않는 튼튼한 사업구조를 갖춰야 한다. 여기에 더해 판매하는 재화나 서비스가 고객을 감동시킬 만큼 아름답다면 금상첨화다.

하지만 우리나라에서는 장밋빛 청사진만으로 창업하는 이가 많다. 통계에 의하면 매년 100만 명이 넘게 사업을 시작하지만 동시에 매년 80만 명 이상이 폐업한다고 한다. 약 60%의 중소기업이 설립된 후 5년을 넘기지 못하고 무너진다는 보고가 있고, 직장에서 은퇴한 베이비붐 세대가 자영업에 나서지만 90%가 넘는 이들이 실패한다는 분석도 있다. 몇몇 청년기업인의 성공신화가 종종 회자되지만 실제 성공하는 벤처기업은 7%에 불과하다. 이처럼 창업 성공률이 낮다는 사실은 부실한 건축물처럼 현재의 창업 과정에 무엇인가 문제가 있다는 점을 드러낸다.

전문가들은 창업에 실패하는 이유 중 하나로 많은 창업자가 비교적 손쉬워 보이는 '폼 나는 업종'을 선호하기 때문이라고 지적한다. 커피 전문점이나 베이커리와 같은 업종은 경쟁이 치열하기 때문에 차별화할 요소가 없을 경우 실패할 확률이 높은데도 별다른 노하우가 없는 이들이 이 업종에 뛰어든다는 것이다.

반복적인 창업 실패는 당사자뿐 아니라 나라살림에도 주름이 지게 한다. 특히 모든 자산을 쏟아 부어 자영업을 시작한 퇴직자들은 사업에 실패할 경우 빈곤층으로 전락할 수 있다. 이는 세수의 감소와 복지부담의 증가로 이어진다. 창업 성공률을 높이는 것이 국가적으로도 중요한 과제가 되는 것이다.

성공적인 창업을 하려면 어떻게 해야 할까. 우선 아름다운 건축물을 짓는 것처럼 사람들의 이목을 끌 만한 사업 아이디어를 찾는 것이 중요하다. 기발하고 획기적인 아이디어가 반드시 필요하지는 않다. 티켓몬스터 창업자는 기존의 것과는 조금 다르게, 조금 더 쉽게 만드는 아이디어로 고객에게 새로운 가치와 만족을 주는 것이 창업의 성공 비결이라 했다.

다음으로 건축 도면을 그리듯 창업 아이디어를 치밀하게 분석하고 구체화해야 한다. 여기서 주의해야 할 것은 자신의 입장에서 사업을 낙관적으로 분석하지 말아야 한다는 점이다. 창업자의 역량이나 자금과 같은 투입요소뿐만 아니라 고객의 시선에서 객관적인 투자환경과 시장수요를 살펴야 한다.

"점진적으로 해야 성공확률이 높아지고 2단계, 3단계 실패해도 재도전할 수 있다"는 어느 벤처기업인의 조언도 곱씹어볼 필요가 있다. 프랜차이즈의 과장된 선전이나 주변의 말에 혹해 달걀을 한 바구니에 담는 우를 범해서도 안 될 것이다. 영화 「건축학 개론」은 시나리오 초고가 나온 때부터 극장에서 관객에게 실제 상영되기까지 10여 년의 세월을 절차탁마했다고 한다.

　정부의 도움 역시 절대적으로 필요하다. 개인이 혼자 힘으로 사업에 성공하기란 쉽지 않다. 공정한 산업 생태계를 조성하고 에인절투자자를 육성해 많은 이가 창업에 적극 나설 수 있도록 지원해야 한다. 살아 있는 기업가 정신과 활발한 창업이야말로 자본주의 시장경제를 건강하고 아름답게 꽃피우는 것이다.

유통기업 그리고 나비효과

"브라질에 비가 내리면 스타벅스 주식을 사라"고 한다. 일견하기에 서로 전혀 무관한 상황이 사실은 밀접한 관계가 있다는 나비효과를 설명할 때 회자되는 이야기다.

세계최대 커피 생산국인 브라질에 비가 와서 가뭄이 해소되면 커피 생산량이 늘고, 이로 인해 커피 원료값이 떨어지면 커피를 생산하는 스타벅스의 이윤이 늘어난다는 것이다.

최근 들어 유통기업들의 국내시장 성장이 둔화되면서 새로운 기회를 찾아 해외시장의 문을 두드리는 기업들이 늘고 있다. 국내기업의 해외진출이야 다반사로 일어나는 일이라는 점에서 그동안 우리는 유통기업의 해외진출을 단순히 개별 유통기업 차원의 해외사업 확장으로만 생각해온 것이 사실이다. 그러나 이것은 유통산업만이 갖고 있는 특성을 모르는 데서 오는 단견이다. 마치 브라질에 내리는 비를 보고 가뭄 해갈만을 예상하는 것처럼 말이다.

해외에 많은 유통업체가 진출할수록 국내 소비자의 지갑이 두터워진다. 유통기업이 해외에 진출했는데 현지 소비자가 아닌 국내 소비자가 이득을 본다고 하니 언뜻 이해가 안 된다. 그러나 이것이 바로 유통산업이 일으킨 날갯짓이다. 해외에 나간 유통기업은 그 곳에서 우수한 상품을 발굴하여 저렴한 가격으로 국내시장에 공급할 수 있다. 해외로부터 들어온 다양하고 저렴한 상품들은 소비자들 선택의 폭을 넓혀주는 역할을 한다. 실제로 한 대형유통업체는 중국에서 가전, 생활용품 등을 직접 들여와 국내 매장의 상품가격을 20~30% 낮춘 사례가 있다. 이러한 가격인하는 국내외 상품간 가격경쟁을 유발하여 소비자물가를 안정시키고 후생을 증가시키게 될 것이다.

유통업체가 해외에 둥지를 틀면 틀수록 국내경제가 잘 돌아간다. 해외로 나간 유통업체는 국내에서 경쟁력 있는 상품을 현지 점포에 전시해 중소제조기업의 해외판로 기회를 제공해주고, 반대급부로 그들은 타기업 점포와 차별화라는 선물을 받는다. 이처럼 유통 분야의 해외진출은 제조·유통, 대·중소기업이 win-win하고 동반성장할 수 있는 좋은 모델이 된다. 대한상의가 올해 실시한 한 조사결과에 따르면 해외진출 유통업체들이 국내로부터 상품 또는 원재료의 절반 이상을 가져가 팔고 있다고 한다. 해외에 진출한 유통기업들이 늘어날수록 국내상품의 동반진출 가능성이 커져 제조기업의 수출량은 증가시키며 투자 확대를 유발케 하고, 투자 증가는 새로운 일자리 창출로 이어져 국내경제의 선순환 구조를 만들어 주게 될 것이다.

아울러 유통업체가 해외로 나갈수록 국내 기업들의 비즈니스 안목이 높아진다. 과거 우리나라는 제조기업 중심의 해외진출을 해

왔다. 이로 인해 소비자 가까이에서 이들에 대한 행동정보를 얻어
내는 데 어려움이 많았다. 해외에 둥지를 튼 유통점포는 소비자와
가장 가까운 곳에서 시시각각 변화하는 현지 소비자들의 니즈와 행
동 변화를 한눈에 들여다볼 수 있는 정보 플랫폼 역할을 한다. 이
러한 소비자에 대한 귀중한 접점 정보는 국내 제조업체에게 전달되
어 신제품을 개발하고 신시장을 개척할 수 있게 해주는 통찰력을
길러주게 될 것이다.

해외에 많은 유통업체가 진출할수록 민간 홍보대사가 늘어나기
도 한다. 현지에 있는 유통점포를 방문한 소비자들은 한국 상인,
상품, 서비스를 통해 우리 기업을 평가하여 우리나라에 대한 이미
지를 형성한다. 이처럼 해외로 나간 유통기업들은 우리 상품과 소
비문화를 전 세계에 전파하는 전도사이자 국가 브랜드를 전 세계에
알리는 홍보대사로서 역할을 담당하게 될 것이다.

스타벅스 주식을 매입하고 브라질에 내리는 비를 보며 미소 짓는
현명한 투자가처럼 해외로 해외로 뻗어나가는 우리 유통기업을 응
원하는 이유가 여기에 있다.

본격적인 글로벌시대의 도래에 따라 유통기업의 해외진출은 이
제 선택의 문제가 아니라 21세기 글로벌 환경에서 살아남기 위한
필수 전략으로 부상될 전망이다. 국내 소비시장 성장 둔화는 위기
가 아니라 기회다.

세계에서 일고 있는 한류 붐과 본격적인 글로벌시대가 도래하고
있는 지금이야말로 지구촌 구석구석에 더 많은 나비효과의 씨앗을
뿌릴 수 있는 좋은 기회가 아닐까.

미드필더 중견기업을 키우자

2012 런던 올림픽에서 한국 남자 축구대표팀의 동메달 획득은 매우 인상 깊었다. 전문가들은 축구대표팀 선전의 원인을 탄탄한 미드필더 라인에서 찾는다. 현대 축구는 미드필드에서 시작되는 강한 압박과 화려한 패싱을 통한 볼 점유능력이 승패를 좌우한다고 해도 과언이 아니다.

우리 산업생태계에서 미드필더 자리에는 중견기업이 있다. 지식경제부에 따르면 우리 중견기업은 1300여 개로 전체 기업의 0.04%에 불과하지만 매출액의 12%, 수출의 13%, 고용의 8% 이상을 차지하는 등 경제 성장에 중추 역할을 하고 있다.

탄탄한 산업구조를 가진 경제 강국들은 일찍부터 중견기업 육성에 힘을 쏟았다. 독일은 글로벌 히든챔피언을 육성하기 위해 1970년대부터 지원대책을 가동했다. 대표적인 예가 중소·중견기업의 연구개발(R&D)인력에 인건비를 지원하는 PKZ 프로그램이다. 1979~1987년까지 9년간 약 32억 마르크를 투입해 2만여 기업을 지원, 총 3만8000명 이상의 연구개발인력이 증가했다. 프

랑스는 2008년부터 올해까지 중견기업 2000개를 새로 창출한다
는 목표 아래 '경제 현대화법'을 도입해 다양한 정책지원을 해왔다.
2009년에는 연간 4억3000만 유로를 중견기업에 투입하겠다고
발표했는데 지원대상에는 이미 성장동력을 확보한 혁신기업뿐만
아니라 아직 동력을 확보하지 못한 전통산업도 포함돼 있다.

우리 정부도 중견기업의 중요성을 인식하고 2010년 '세계적 전
문중견기업 육성전략'을 발표했다. 지난해에는 산업발전법을 개정
해 중견기업의 법적 개념을 도입했고 올해 5월에는 지식경제부에
중견기업국을 설치했다. 이달 9일에는 제130차 비상경제대책회
의를 열어 오는 2015년까지 중견기업을 3000개 이상으로 늘리기
위한 종합 대책인 '중견기업 3000 플러스 프로젝트'를 발표했다.

기업의 목소리를 많이 반영해 각 분야별로 맞춤형 정책을 마련한
것으로 평가받고 있다. 특히 가업승계 상속세 공제대상을 매출
1500억 원 이하 기업에서 2000억 원 이하 기업으로 확대, 장수
전문기업으로 발전할 수 있는 가능성을 높였다. 중견기업에 대한
연구개발 세액공제 구간을 신설하고 지식경제부 소관 연구개발 예
산 중 중견기업 투자비중을 높인 것도 적잖은 도움을 줄 것으로 보
인다.

하지만 아쉬운 점도 없지 않다. 가업승계 상속세 공제를 받으려
면 상속 후 10년간 승계 시점 고용수준의 120%를 유지해야 한다
는 '고용유지 의무조항'이 여전히 개선되지 않아 실질적인 기업지원
효과가 떨어질 수 있기 때문이다. 120%는 독일 · 일본 등 주변 선
진국에 비해 높은 수준이다.

기업의 신성장동력 발굴 지원도 필요하다. 최근 대한상공회의소 조사에 따르면 국내 중견기업의 40%는 주력사업의 성장 여력이 없으며 이 중 49%는 주력사업을 대체할 미래 성장동력을 확보하지 못하고 있다. 미래 먹을거리가 하루아침에 만들어지지 않는 만큼 지속적이고 세심한 정책지원이 뒤따라야 한다.

이번 대책이 충실히 이행되려면 현행 법령과 정책, 지원사업을 다각적으로 검토해 중견기업 개념을 반영할 필요가 있다. 산업발전법을 제외한 대부분의 법령에는 중견기업 개념이 없다. 축구대표팀의 올림픽 동메달은 2002년 월드컵 4강 신화 이후 10년 동안 꾸준히 현대 축구에 적합한 체질로 개선했기 때문에 가능했다. 중견기업도 장기적 관점에서 지속적인 관심과 지원이 바탕이 될 때 산업의 허리 역할을 다할 수 있을 것이다.

오뉴월에도 서리가
내린다면

우리 민족은 예로부터 한 해를 24절기로 구분해 그때그때 절기에 맞게 삶의 방식과 풍속을 이어왔다. 그런데 올봄은 입춘과 경칩이 지난 4월에도 기상관측 이래 가장 추운 봄 날씨를 보여 절기 구분을 무색하게 했다.

계속된 이상저온 현상으로 농작물 피해가 커 배추 한 포기가 6000원까지 오르는 등 이른바 '애그플레이션' 현상이 나타났으며 봄 신상품을 준비해왔던 의류업체들은 추운 날씨로 매출에 적지 않은 직격탄을 맞기도 했다.

문제는 이와 같은 이상기후 현상이 앞으로도 해마다 다른 양상으로 반복될 수 있다는 점이다. 최근 기후변화에 따른 우리나라의 경제손실 규모는 국내총생산(GDP)의 약 1%, 대략 10조 원에 이를 것이라는 연구 결과가 있었다. 계절변화를 근간으로 성수기와 비수기로 구분했던 많은 산업에서 영업주기가 재검토돼야 할 정도로 이상기후는 기업경영의 주요 변수가 됐다.

이미 미국 증시에서는 올 초부터 기업이 기후변화로 유·무형의 중대한 영향이 있는 경우 이를 공시하도록 의무화하고 있다. 미국 투자자들도 기후변화 대응력이 기업 실적을 크게 좌우한다고 보는 것이다.

유난히 추운 봄을 겪으면서 많은 국내 기업들이 생산계획을 변경하거나 마케팅에 날씨효과를 도입하는 등 분주한 움직임을 보이고 있지만 그것만으로는 부족하다. 해마다 반복될 수 있는 이상기후에 관한 예측능력과 더불어 장기적인 안목으로 대응책을 마련해야 한다.

지난달 대한상공회의소가 주최한 조찬회에서 케네스 크로퍼드 기상청 기상선진화추진단장은 '기후변화에 어떻게 대응하느냐에 따라 기업의 승패가 갈릴 것'이라며 우리 기업의 적극적인 대응을 강조하기도 했다. 납품업체의 생산 공정에서부터 운송수단과 매장에 이르는 공급망 전체에 걸쳐 에너지 사용량 30%와 폐기물 배출량 25% 감축, 전체 매장 효율 30% 제고를 목표로 3년간 5억 달러 투자계획을 발표한 세계 1위 유통기업 월마트의 기후변화 대응 사례는 우리 기업들이 특히 눈여겨볼 만하다.

'여자가 한을 품으면 오뉴월에도 서리가 내린다'라는 속담이 있다. 오뉴월에는 서리가 내리지 않을 것이라는 믿음에서 생긴 말이다. 그런데 4월 말까지 눈이 내렸던 올해 날씨를 보면 이제 이런 속담에서의 장담도 힘들게 되지 않을까. 기업경영에 있어 날씨와 기후에 관한 통념에 바탕을 둔 각 분야의 경영전략을 다시 점검하는 등 기후변화 대응력을 확보하기 위한 노력을 더 이상 늦춰서는 안 될 것이다.

이젠 IT 넘은 '융합'이다

최근 전 세계적으로 애플사의 아이패드 열풍이 거세다. 이미 아이폰으로 스마트폰 시장에 일대 혁신을 일으킨 애플이 아이패드로 또 한 번 세계 IT시장을 주도할 것이라는 전망이 우세하다.

이 같은 열풍은 국내 산업계에도 적잖은 충격이 되고 있다. 사실 아이폰이나 아이패드의 하드웨어 성능은 국내 제품을 압도할 정도는 아니라는 분석이 많다. 애플의 성공요인을 기술력 자체만으로는 볼 수 없다는 말이다. 하드웨어에 소비자 지향적인 소프트웨어와 콘텐츠가 융합돼 차별화된 새로운 제품으로 거듭난 것이다.

이처럼 최근 세계는 산업융합의 시대로 급속히 바뀌고 있다. 기술과 산업 간의 창조적 결합을 통해 다양한 제품과 막대한 시장이 창출되고 있다. 뿐만 아니라 융합의 종류와 복잡성이 증대하면서 이들 제품 및 서비스의 부가가치 역시 급증하는 추세이다. 이대로라면 앞으로 일반의 예상과 상식을 뛰어넘는 신개념의 제품, 서비스, 산업의 출현도 기대해볼 만하다. 융합시장 선점을 통해 향후의 성장동력을 확보하기 위한 전략 마련이 시급한 이유다.

사실 융합은 우리 경제가 보유한 강점을 가장 잘 살릴 수 있는 분야다. 우리는 이미 세계 최고수준의 IT인프라를 구축하고 있다.

그러나 현재 국내 산업융합의 현실은 그리 밝은 편이 아니다. 우리나라 융합 분야 기술수준은 선진국의 50~80%대에 불과하다. 격차가 더 벌어질 가능성도 배제하기 어렵다. 이런 상황에 이른 데에는 기업들이 하드웨어와 국내시장에 치중하여 글로벌 트렌드에 기민하게 대응하지 못한 측면이 없지 않다. 또한 산업융합의 미래 경쟁력을 좌우할 교육 시스템도 부족한 점이 많다.

무엇보다 법제도 미비가 주된 문제점으로 작용하고 있다. 디지털 시대를 맞아 새로운 융합 제품과 서비스가 쏟아져 나오고 있지만 관련 법령과 제도가 이를 뒷받침하지 못하고 있다. 규정이나 기준이 부재하거나 오히려 신제품 출시에 장애가 되는 사례들이 속출하고 있다. 대한상의 조사에 따르면, 대기업 네곳 중 한곳은 이미 제품개발이 끝났지만 적용기준 미비 등으로 인허가가 거절되거나 지연된 경험이 있는 것으로 나타났다.

의료에 IT를 접목한 U-헬스가 바로 이러한 경우에 속한다. U-헬스는 진료와 처방, 개인별 상담관리 등을 원격으로 진행하는 맞춤형 의료서비스지만 의료법상 제약으로 사업화가 진전되지 못하고 있다. 근래 들어 정부가 포괄적인 지원법 제정에 나서고 있는 것은 반가운 일이지만 선진국들의 발빠른 행보를 감안할 때 오히려 늦은 감이 있다. 융합시장은 새로운 기회의 땅이다. 융합 활성화를 통해 미래 먹을거리 발굴과 일자리 창출이라는 두 마리 토끼를 잡을 수 있도록 지혜를 모아야 할 때다.

빌바오시의 변신을 아십니까

　구겐하임 미술관은 스페인 북부 바스크지방의 항구도시인 빌바
오에 있는데 전시품보다 미술관 자체를 보기 위해 찾는 이가 더 많
을 정도로 도시를 대표하는 건축물이다. 그런데 그렇게 되기까지
의 과정이 참 흥미롭다.

　본래 빌바오는 15세기 이래 제철소, 조선소가 즐비했던 공업도
시였다. 그러나 1980년대 불황으로 스페인 철강산업이 쇠퇴하고
바스크 분리주의자들의 테러가 잇따르면서 실업률이 30%에 육박
하는 등 급격히 쇠락했다. 불황 극복을 위해 주 정부는 문화라는
새로운 길에서 해법을 찾았다. 구겐하임 미술관은 그 성과물이었
다. 주 정부는 주위의 거센 반대를 무릅쓰고 약 1억 달러를 들여
세계 최고의 사립미술관 중 하나인 구겐하임 미술관의 분관을 유치
했다. 그리고 1997년 완공된 미술관은 상상 이상의 경제효과로
보답했다. 미술관 입장객은 연간 100만 명이 넘었으며 지난 14년
동안 총 30억 달러의 관광수입을 발생시켰다. 하버드 경영대학원
은 이러한 구겐하임의 성공 사례를 가리켜 '빌바오 효과'로 명명했

다. 이후 이 신조어는 하나의 랜드마크 건물이 도시경제를 일으킬 수 있다는 의미로 통용되고 있다.

빌바오 효과는 수도권 집중화로 어려움을 겪고 있는 우리나라 지방 중소도시들에도 많은 시사점을 주고 있다. 지방의 인구유출은 갈수록 심화되어 생산가능인구는 10년 전 1782만 명에서 현재 1742만 명까지 줄었다. 소비기반이 위축되고 경영여건이 열악하다 보니 사업체 수도 늘지 않아 2010년 기준 수도권의 신설법인 수가 3만6000개인 반면 지방은 2만4000개에 그쳤다. 이러한 현상이 지속된다면 한때 빌바오가 몰락했던 것처럼 우리나라의 중소도시들도 위기를 겪을 가능성이 크다.

대도시에 비해 경쟁여건이 불리한 중소도시가 살아남기 위해서는 각 도시에 맞는 독특한 전략을 개발할 수밖에 없다. 빌바오의 성공포인트는 발상의 전환이었다. 그들은 경제회생을 목표로 삼았지만 공장 유치만이 그 해답은 아닐 거라 판단했다. 오히려 제조업보다는 문화, 관광, 서비스업 등의 분야에서 더 큰 가능성을 보았다.

이제 우리 중소도시들도 고용창출 효과가 큰 문화, 관광산업으로 눈을 돌릴 필요가 있다. 우리나라에는 숨은 명소가 많다. 거기에 사람의 감정을 움직이는 이야기를 담아야 한다. 빌바오는 몰락했던 공업도시에서 예술문화의 옷을 입으며 새롭게 태어났다. 아름답지만 알려지지 않았던 관광지가 예능프로그램에 소개된 이후 사람들로 북적대는 것은 새로운 이야기가 깃들여졌기 때문이다.

랜드마크를 만드는 것도 중요하다. 특히 내년에는 '2012 여수세계박람회'가 있으며 2018년에는 '평창동계올림픽'도 개최된다. 박람회장과 경기장 시설을 단순히 행사 개최를 위해서가 아닌 장기적인 안목을 갖고 랜드마크로서 활용할 수 있는 방안을 모색할 필요가 있다.

차별성이 부족한 중소도시는 외국의 자본과 문화를 흡수하는 것도 시도해 볼 만하다. 구겐하임 미술관도 미국 구겐하임 재단의 프로젝트를 유치한 것이다. 유럽연합(EU) 및 미국과의 자유무역협정(FTA) 체결로 우리 경제영토는 세계 국내총생산(GDP) 대비 61%로 넓어졌다. 지자체에서는 이를 기회로 삼아 외국자본을 유치하는 데 더욱 심혈을 기울여야 할 것이다.

유럽이나 선진국에서는 강소도시의 위상이 점점 높아지면서 앞으로 신(新)중세시대가 도래할 것이라고 한다. 과거 중세시대처럼 중앙의 파워는 약해지고 지방의 파워가 강해질 것이란 얘기다. 도시경쟁력이 곧 국가경쟁력인 상황에서 중소도시의 몰락은 국가 전체의 경쟁력마저 떨어뜨리게 된다. 발상의 전환과 창의적인 투자, 그리고 적극적인 대외활동을 통해 중소도시의 경쟁력을 키워야 할 때이다. 가까운 장래에 서울과 수도권을 능가하는 강소도시의 출현을 기대해본다.

관광수지 적자
이대로 방치할 것인가

지루한 장마가 끝나면 본격적인 휴가철이 돌아온다. 벌써부터 들뜬 마음으로 휴가 계획을 세우는 이들도 적지 않을 것이다. 직장인들에게 여름휴가는 그동안 바쁘게 지냈던 날들을 돌아보고 재충전하는 귀한 시간이다. 예전에는 여름휴가라고 해도 2,3일 정도 집에서 쉬거나 가족끼리 교외로 나들이 가는 정도였다. 그러던 것이 요즘에는 한정된 휴일을 전략적으로 잘 쓰기 위한 '휴(休)테크'라는 말까지 생겨날 정도로 그 가치가 높아졌다. 삶에 있어 휴식의 중요성이 그만큼 커졌기 때문일 것이다.

올해도 어김없이 많은 사람이 해외에서 여름휴가를 보낼 것이라고 한다. 항공·여행 업계는 이번 휴가철의 출국자 수가 지난해보다 10% 정도 늘어날 것으로 내다봤다. 이 탓에 올해 관광수지 적자 규모는 지난해보다 30% 이상 늘어난 약 45억 달러에 이를 것이라고 한다. 그런 만큼 올해는 우리나라의 아름다운 명소를 둘러보면서 동시에 부진한 내수를 살리는 데도 도움이 될 수 있도록 국내 휴가 계획을 세워보는 것은 어떨까.

사실 얼마 전까지만 해도 국내 여행에 대한 인식은 부정적이었다. 갈 만한 곳도 별로 없고, 막상 간다 해도 교통정체와 편의시설 부족, 호객 행위와 바가지요금 때문에 기분이 상하는 일이 적지 않았다. '노는 게 고역'이란 말이 생겼을 정도이니 말이다. 그러나 요즘은 많이 달라졌다. 각종 TV 프로그램과 여행서적을 통해 그동안 잘 알려지지 않았던 명소들이 하나둘 공개되고 있다. 정보기술(IT) 강국답게 스마트폰 등으로 쉽게 관광정보나 서비스를 접할 수 있어 더욱 편리한 여행이 가능해졌다.

관광 인프라도 크게 개선됐다. 곳곳마다 가족이나 친구 단위로 머물 수 있는 깔끔한 숙박시설이 많아졌다. 또 주말 버라이어티 프로그램의 영향으로 캠핑족을 위한 시설도 이전보다 쉽게 찾아볼 수 있게 됐다. 고속도로가 확장 개통되고 KTX 등이 운행되면서 교통 여건도 좋아졌다. 지방자치단체에서도 관광지를 조성하고 정비하는 데 여러 노력을 기울이는 한편 특화된 지역 관광상품을 내놓고 있다.

많은 전문가가 우리 경제의 불안요인으로 지나친 대외의존형 체질을 지적한다. 실제로 지난해 우리 경제에서 수입·수출 등 대외 부문이 차지하는 비중이 국내총생산(GDP)의 85% 수준을 넘어섰다. 자원이 부족한 우리나라가 지난 40여 년간 고속성장을 해온 데에는 수출주도형 정책이 크게 기여한 것이 사실이다. 하지만 그렇다 보니 상대적으로 내수가 취약해져 외부 충격에 경제 전체가 쉽게 흔들린 사례가 적지 않았다. 그동안 겪은 몇 번의 경제위기도 해외로부터의 충격에 의한 것이었다. 우리 경제가 안정적으로 지

속 성장을 하기 위해서는 수출과 균형이 맞는 내수시장의 확충이
필요하다. 통계적으로 봐도 선진국은 내수 비중이 90%에 가까운
데 비해 우리는 50%도 채 되지 않는다.

이를 위해선 여러 방안이 있겠으나 국내에서 여름휴가를 보내는
것도 내수산업 발전과 지역경제 활성화에 큰 힘이 될 것이다. 대한
상공회의소에서도 회원 기업을 대상으로 여름휴가를 국내에서 보
내도록 독려해달라는 요청을 하고 있다. 이미 많은 기업이 적극적
으로 동참하고 있다.

건강한 휴가를 보내기 위한 십계명 중 하나가 '멀리 떠나야 한다
는 강박감을 갖지 말 것'이라고 한다. 휴가라는 게 꼭 비행기를 타
고 떠나 이국적인 풍광 속에서 보내야 하는 것은 아닐 것이다. 올
해는 우리나라의 숨은 아름다움을 느끼며 내수산업 발전, 지역경
제 활성화에도 보탬이 되는 일석삼조의 여름휴가 계획을 세워 봄이
어떨는지. 2018년 평창 겨울올림픽 유치로 다시 세계의 주목을
받고 있는 우리나라에서 말이다.

중소기업 성장판 작동돼야

'9988'이라는 말이 있다. 고령화 시대 99세까지 건강(88)하게 살아보자는 뜻도 있지만 우리 중소기업이 전체 사업체 수의 99%를 차지하고 고용 비중도 88%에 달해 중소기업 위상을 표현할 때 쓰는 말이다.

이처럼 우리 중소기업이 국가경제에서 차지하는 비중은 높지만 최근 몇 년 새 중소기업이 어려움을 겪고 상대적으로 대기업은 실적이 좋다 보니 양극화가 우리 사회의 주요 이슈가 됐고 정책 초점도 여기에 맞춰졌다.

대·중소기업 동반성장 논의도 대기업과 중소기업이 서로 잘되는 방향으로 가자고 시작된 일이다. 그러나 중소기업은 대기업으로부터 피해를 보는 기업이고 대기업은 중소기업 지원에 인색한 기업으로 비춰질까 걱정이다. 대기업과 협력관계에 있는 중소기업이 전체 제조업의 20% 정도인데 문제의 본질을 대기업과의 관계에서만 찾아야 하는지 생각해볼 일이다. 그동안 우리는 대기업·중소기업을 이분법으로 나누는 데 익숙했고 기업정책도 대기업은 규제, 중소기업은 지원하는 식으로 해왔다.

글로벌 시장에서 기술과 품질로 경쟁하는 상황에서 대기업·중소기업으로 나눠 편 가를 일은 아니라고 본다. 제조업과 서비스업이 결합되고 개별기업 간의 경쟁 대신 기업협력을 통한 네트워크 경쟁시대에 오히려 이러한 구분이 기업성장의 걸림돌이 되고 경제 활력과 성장동력 창출 저하로 이어질 수 있다. 앞서 언급한 중소사업체 가운데 제조업체 수는 지난 2000년 30만 개에서 2009년 32만 개로 늘어 우리 경제의 든든한 버팀목이 돼왔다. 그러나 같은 기간 대기업체 수는 약 800개에서 580개로 28% 줄었다.

기업이 정상적으로 성장했다면 중소기업이 중견기업, 그리고 대기업으로 발전해 지금보다 많은 대기업이 나와야 하는데 상황은 반대다. 이렇게 된 데는 대기업이 중소기업으로 떨어졌거나 도산했기 때문일 수 있다. 중소기업도 생존에 급급해 사업확장과 같은 적극적인 경영을 할 여력이 없었을 수 있다. 한편으로 160가지 정책지원을 받기 위해 중견기업으로 성장하기보다 기업을 여러 개로 쪼개 중소기업으로 남으려는 점도 없지 않았다.

이제 시야를 넓혀 보자. 양극화와 고용 없는 성장 문제를 해결하고 경제의 새로운 돌파구를 찾기 위해서는 대기업과 중소기업 문제로 축소해서 고민할 일이 아니다. 성장동력 창출 능력을 갖춘 새로운 기업군, 다시 말해 글로벌 경쟁력을 갖춘 중견기업이 많이 나올 수 있는 여건을 만들어야 한다.

다행히 지난해 3월 중견기업육성대책이 발표됐고 올 3월에는 중견기업 정의와 지원 근거를 담은 산업발전법이 개정됐다. 또 올해부터 오는 2020년까지 세계적인 경쟁력을 갖춘 중견기업 300개를 육성하기 위해 '월드클래스 300' 프로젝트가 시작됐다.

건강한 산업 생태계가 형성될 때 경제성장도 견실하게 이뤄지는 법. 이제 중소기업이 독자적인 경쟁력을 갖춘 글로벌 중견기업, 대기업으로 커나가야 한다.

중소기업 스스로도 기업가 정신을 발휘해야 한다. 세계시장을 향해 기술력을 인정받는 글로벌 중소기업이 될 때 중견기업으로 커나갈 수 있다. 지난 10년간 중소기업 수출 비중이 10%포인트가량 줄어든 것은 중소기업 스스로도 되짚어 볼 일이다.

대기업도 중소기업이 취약한 분야로 지적되는 디자인, 해외시장 진출에 대한 지원을 아끼지 말아야 한다. 외국 중견기업 가운데는 가족기업이 많다. 우리나라도 대를 이어 경영하는 중소·중견기업이 많이 나올 수 있도록 가업상속제도를 손질해야 한다.

우리보다 앞서 2008년 프랑스가 경제현대화법을 도입해 중견기업 범주를 신설하는 법을 제정했다. 타 범주 기업군에 비해 성장성과 고용창출 효과가 높은 중견기업을 더 많이 육성해 경제활력을 찾아보자는 목적이다. 몇 년 뒤 한국과 프랑스 두 나라 중 누가 더 좋은 성과를 거둘지 지켜볼 일이다. 결과의 과실과 책임은 우리 모두의 몫이다.

프랜차이즈 전성시대의 상생법

그야말로 프랜차이즈 전성시대다. 출근길엔 커피전문점, 점심은 쌀국수 체인, 회식은 돼지고기 전문식당, 퇴근길엔 빨래방에서 세탁물까지 찾는다. 어린아이들까지도 '뭐 사줄까' 하면 ○○햄버거, ○○치킨, ○○피자 줄줄이 꿴다. 주부들도 저마다 선호하는 마트, 미용실을 하나쯤은 갖고 있다.

프랜차이즈는 상품이나 서비스의 판매 권리를 넘기고 이에 대한 대가를 지급하는 거래관계를 말한다. 이런 프랜차이즈의 상업적 기원은 '싱어 재봉틀 회사'다. 19세기 중반 아이작 싱어는 기존 재봉틀을 개선해 곡선 바늘을 직선으로, 손으로 움직이던 것을 페달 장치로 바꾸는 혁신을 이뤄냈다. 서양식 기계를 멀리하라고 한 간디조차도 싱어 재봉틀을 사용해보고 '발명된 것 중 드물게 유용한 제품'이라고 극찬했다. 하지만 이 우수한 재봉틀을 판매하기 위해서는 사용방법을 가르쳐줄 사람과 생산자금이 필요했다. 이에 싱어는 교육을 맡아줄 사업가를 모집했고 영업권리를 판매함으로써 자금을 마련할 수 있었다. 이렇게 시작된 것이 현재의 프랜차이즈

방식이다.

지금의 코카콜라나 맥도널드가 있게 한 것도 프랜차이즈다. 코카
콜라는 수수료 1달러만 받고 판매권리를 가맹점주에게 넘겼다. 이
같은 판매전략 덕분에 코카콜라는 급속도로 미국 전역에 판매망을
넓힐 수 있었다. 맥도널드는 종업원 한 명이 한 가지 일만 하도록
하는 '스피디 서비스 시스템'을 도입해 시스템 복제가 쉽도록 했다.
이후 맥도널드는 TV광고 증가로 인지도를 넓히고 고속도로 확장
과 함께 언제 어디서나 균일한 품질을 보장함으로써 대표 프랜차이
즈로 성장했다.

프랜차이즈의 장점은 이처럼 새로운 유통전략으로 자금을 확보
하고 표준화를 통해 사업을 확장하는 것이다. 지역 중소기업이 전
국적인 기업으로 성장할 수 있도록 한다. 혁신적인 상품을 대량 공
급하는 것도 가능케 한다. 지역경제를 발전시키고 고용을 창출하
며 수출로 국가발전에 기여한다.

국내 프랜차이즈 활용산업은 매출 95조 원을 넘어섰고 124만
명의 고용을 창출할 정도로 매우 고무적이지만 해결해야 할 과제
또한 많다. 먼저 장수 브랜드와 신설기업을 균형 있게 육성해야 한
다. 대한상공회의소 조사에 따르면 프랜차이즈 기업은 대부분 영
세한 편으로 10년 이상 된 기업은 13%에 불과했다. 외식업에 치
우친 것도 아쉬운 점이다. 신설 브랜드의 90% 이상이 정부정책을
이용해보지 못했다고 할 정도로 지원이 부족한 것으로 나타났다.

또한 사회적 갈등에 대해 시각을 달리할 필요가 있다. 최근 대기
업 프랜차이즈의 골목상권 진출 논란이나 가맹본부와 가맹점 간의

분쟁은 염려스러운 부분이다. 하지만 업종제한이나 규제로 문제를 푸는 것은 궁극적으로 한계가 있다. 문제는 소비자 만족도를 높이고 기업과 소상공인의 경쟁력을 강화하는 방법으로 풀어야 한다.

본부와 점주가 상생하는 것이 기업 경쟁력을 한층 더 강화하는 방법이라는 것도 알아야 한다. 프랜차이즈는 점주 스스로 자신의 이익을 위해 노력하게 한다. 가맹점을 본부가 적극적으로 도와준다면 서로의 이익은 더욱 늘어날 것이다.

끝으로 해외진출을 더욱 활성화해야 한다. 국내 커피브랜드가 뉴욕에 진출하고 테헤란에 개설한 우리 치킨에 중동 시민이 열광하고 있다. 동남아는 한류열풍 덕분에 진출 여건이 더욱 좋아지고 있다. 산업 선진화와 공생발전을 위해서도 이 기회를 잘 활용할 필요가 있다.

프랜차이즈는 부족한 면이 있지만 아직 성장가능성이 높은 분야다. TV와 고속도로를 통해 성장한 맥도널드처럼 온라인으로 퍼져가는 한류를 벗 삼아 자유무역협정(FTA)이라는 고속도로를 타고 우리 기업도 세계적인 브랜드로 성장하길 기대해본다.

목마른 부동산 거래 활성화

중국 해하(垓下)는 애잔한 역사로 유명하다. BC 202년 초패왕(楚霸王) 항우(項羽)가 한왕(漢王) 유방(劉邦)에 맞서 최후의 일전을 벌여 패퇴한 곳이다. 산을 뽑을 힘과 세상을 덮을 기세를 가졌던 항우였지만 밤마다 울려퍼지며 향수를 자극하는 초나라 노래에는 전의를 상실할 수밖에 없었다. 이처럼 사람은 심리적으로 흔들리게 되면 정확한 판단을 내리고 정상적인 생활을 하기가 힘들다.

경제활동에서도 신뢰가 무너지고 불안감이 조성되기 시작하면 그 부작용은 걷잡을 수 없다. 경제학에서는 이러한 현상을 런(Run)이란 말로 표현한다. 대표적인 것이 은행의 지급능력을 믿지 못해 예금인출이 잇따르는 뱅크 런(Bank Run)이다.

최근 국내 부동산시장에서는 집값 급락 걱정에 주택 매도행렬이 이어지는 하우스 런(House Run)에 대한 우려가 제기되고 있다. 글로벌 금융위기 이후 시작된 집값이 연일 하락해 고점 대비 30% 정도 내려갔다. 올라간 물가를 감안하면 사실상 40% 이상 떨어지면서 안식처가 되어야 할 집이 애물단지로 변하고 있다. 상황이 이렇다보니 집을 사려는 사람은 자취를 감췄다. 주택거래는 3분의 1 이상 줄고 빚 내 집을 산 하우스푸어들의 고통은 말이 아니다. 대출상환 부담에 여가활동은 고사하고 필수지출 항목인 자녀교육비와 의료비까지 줄여야 할 정도이다.

담보금융권의 건전성 관리에도 빨간불이 켜지고 있다. 집값이 담보가치 이하로 추락하고 대출연체율이 상승하고 있기 때문이다. 만약 금융기관들이 대출회수에 나선다면 더 많은 가계가 집을 팔려고 해 가격하락이 가속화될 것이다. 일본의 경험에서 알 수 있듯이 주택가격 하락은 경제에 깊고 큰 상처를 남긴다. 더욱이 우리는 부동산이 가계자산의 74%를 차지한다. 고령층일수록 생활비 마련을 부동산에 의존하는 비율도 높아 집값 하락의 충격을 감내하기 어렵다.

부동산 불황은 비단 집을 가진 사람의 고통에 그치지 않는다. 건설투자가 우리 국내총생산(GDP)에서 차지하는 비중은 13.5%에 달한다. 주택건설은 건설업뿐 아니라 중장비, 철강, 가전, 가구업종과 밀접하다. 중개업소부터 도배, 이삿짐센터 등 수많은 자영업자들도 주택거래에 의존해 살아간다.

이러한 절박함을 대변해 정부는 십여 차례가 넘게 부동산 거래 활성화 대책을 내놓았다. 지난 금요일 금융위원회가 총부채상환비율(DTI) 규제를 적용할 때 40세 미만 무주택 직장인에 대해서는 '10년 뒤 예상소득'을 반영키로 한 것도 주택거래를 살리려는 고심의 발로이다.

부동산 경기 활성화를 위해서는 집값 전망에 대한 불안감을 해소해주는 것이 중요하다. 과거에 도입돼 시장을 왜곡하는 규제나 제도를 없애야 한다. 특히 민간의 주택품질 혁신 노력을 억누르는 분양가상한제와 거래활력을 저하시키는 다주택자 중과제는 조속히 폐지하는 것이 바람직하다.

주택거래에 대한 부담도 덜어주어야 한다. 지금의 취득세, 양도세는 과거 매매차익이 좋을 때에 맞춰져 있다. 현실에 맞게 과감히 낮춰줄 필요가 있다. 은행들도 대출관리에 세심한 주의를 해야 한다. 올해 만기가 도래하는 주택담보대출액만 80조 원에 달한다. 비오는데 우산을 뺏어서는 곤란하다. 대출자의 사정을 고려해 상환 기간을 연장해주고 최소한 대출이자를 급격히 올리는 것은 자제해야 한다.

부동산만큼 국민적 관심이 크고 다루기 어려운 과제가 없다. 방치하거나 회피한다고 해결되는 문제도 아니다. 냉철한 판단과 현명한 대처만이 침체된 부동산 시장에 활력을 불어넣을 수 있다. 건강하고 활기찬 주택거래의 모습을 보고 싶다.

글로벌 생존법 '뚝배기 경제'

"우리는 전대미문의 글로벌 금융위기를 조기에 극복해내는 성과를 거뒀다. 이제부터는 냄비로 빨리 데운 우리 경제를 뚝배기로 옮겨 담아 지속적인 성장을 이루는 지혜가 필요한 시점이다"

냄비 경제, 뚝배기 경제

라면은 역시 노란 양은냄비에 끓여야 제맛이다. 양은냄비는 재질이 얇고 열 전도율이 높아 빠른 시간에 면을 익혀 쫄깃쫄깃한 맛을 더해준다. 그러나 열을 오래 간직하지 못하고 빨리 식어버린다는 단점 또한 가지고 있다.

올해 1·4분기 우리나라의 경제성장률은 7.8%로 7년 만에 최고수준을 기록했다. 지난해 1·4분기가 워낙 나빴던 데 대한 반등효과도 있었지만 소비·투자·수출 회복세가 뒷받침되고 있어 이제 우리 경제가 본격적인 회복국면에 진입하지 않았느냐 하는 기대를 갖게 한다. 실제 월스트리트저널·블룸버그·AP통신 등 주요 외신들도 우리 경제의 놀라운 회복속도를 높이 평가하고 있다.

그동안 정부가 적극적이고 선제적으로 경기확장 정책을 펼쳤고 기업들도 기술개발·고용유지, 그리고 수출확대에 노력한 결과라고 생각한다. 그러나 이러한 회복세가 앞으로도 지속될 것인지에 대한 걱정이 없지는 않다. 하반기에는 정부의 재정지출 여력이 약화될 것으로 예상되고 세계경제 불안, 원자재가격 상승 등으로 수출도 둔화될 가능성이 제기되고 있다. 경기선행지수는 3개월째 하락하고 있고 금리인상과 유동성 환수 등에 따른 소비둔화가 우려되는 상황이다. 또한 기업들의 투자심리마저 좋지 않아 앞으로 경기가 급격히 나빠질 수도 있다고 본다. 마치 냄비처럼 우리 경제도 빨리 끓었다가 빨리 식어버리지는 않을까 하는 우려가 생기는 것이다.

이제 우리에게 주어진 과제는 경기회복세를 약화시키지 않으면서 지속적으로 유지하는 일이다. 일단 데워진 것은 좀처럼 식지 않고 음식의 깊은 맛을 오래 유지해주는 뚝배기처럼 말이다.

우선 경기가 급속히 식지 않도록 현재의 확장적 경기정책을 유지하고 금리인상 등 출구전략에 신중을 기하는 것이 필요하다. 그리고 현재의 성장세를 지속시키기 위해서는 경제의 기초체력, 즉 성장잠재력을 키우는 것이 중요하다.

대한상공회의소의 연구결과에 따르면 우리나라 잠재성장률은 고령화·저출산에 따른 노동공급 둔화, 기업투자 감소로 지난 1990년대 전후의 10%대에서 지금은 3분의1 수준인 3%대로 떨어졌다. 새로운 성장동력을 마련하기 위한 대책들을 준비하지 않으면 앞으로 잠재성장률이 더 떨어질 수 있다는 분석도 나오고 있다.

출산율을 높이고 기업활력을 높일 수 있는 규제완화·세제지원을 지속적으로 시행해야 할 것이다. 아울러 기술혁신과 제조업에 비해 상대적으로 취약한 상태에 있는 서비스산업 육성으로 우리 경제 전체의 생산성 향상과 고용확대를 위해 노력해야 할 것이다.

우리는 전대미문의 글로벌 금융위기를 조기에 극복해내는 성과를 거뒀다. 이제부터는 냄비로 빨리 데운 우리 경제를 뚝배기로 옮겨 담아 지속적인 성장을 이루는 지혜가 필요한 시점이다.

조용한 월가 시위 vs 시끄러운 서울 시위

‘월가를 점령하라(Occupy Wall Street)’는 구호로 뉴욕에서 시작된 시위가 전 세계로 확산되고 있다. 지난 주말에는 월가에서의 첫 시위 한 달째를 맞아 ‘국제 공동행동의 날’ 집회가 세계 80여 개국 900개가 넘는 도시에서 열렸다고 한다. 이날 서울에서도 일부 시민단체와 노동단체를 중심으로 소규모 집회가 있었다. 금융권의 탐욕에 항의하는 이번 시위에 앞으로 미국과 주요국의 정치 지도자들이 어떻게 대응하고 무슨 정책을 내놓을지 궁금하다.

이번 사태를 지켜보면서 새삼 민주주의 선진국인 미국의 시위 방식에 다시 주목하게 됐다. 보도에 따르면 노벨 경제학상을 받은 조셉 스티글리츠 컬럼비아대 교수가 시위 현장에서 연설을 할 때 불법이라는 이유로 확성기를 사용할 수 없게 되자, 스티글리츠 교수의 연설 한 구절 한 구절을 시위대가 따라해 모두 들을 수 있게 했다고 한다. 단편적인 사례지만 불만에 차서 시위에 참가한 사람들이 자신들의 주장을 펴면서도 법을 최대한 지키는 모습이 자못 인상적이다.

비슷한 시기 한국에서는 사뭇 다른 풍경이 펼쳐졌다. 얼마 전 반값 등록금을 주장하며 서울 청계광장에서 집회를 연 참가자들은 서울 한복판 도로로 뛰쳐나와 두 시간 넘게 교통을 마비시켰다. 최근 다섯 번째 부산을 찾은 자칭 '희망버스' 시위대 역시 부산 도심의 도로를 불법 점거하고 시위를 벌였다. 일부 시위대는 부산국제영화제가 열리고 있는 광장에서 밤새 술판까지 벌였다고 한다.

불법 시위와 그로 인한 불편도 문제지만 이들이 일으키는 소음도 참기 어렵다. 청계광장 앞 한 빌딩의 입주업체들은 노동단체가 몇 달째 내고 있는 소음 때문에 영업 손실과 정신적 고통을 겪다가 견디다 못해 경찰에 탄원서를 제출했다고 한다. 서울광장 주변 호텔은 집회에서 내는 소음으로 잠을 자지 못하겠다는 외국인 투숙객의 빗발치는 항의에 객실을 바꿔줘야 했다는 소식도 있었다.

언론에 일일이 보도되지 않지만 이런 사례는 매우 많다. 노동단체나 시민단체가 주최하는 집회는 으레 확성기를 동원해 구호를 외치고 투쟁 가요를 틀어댄다. 도심에 있는 어느 회사에서 노사분규가 발생하면 그 소음 때문에 주변 빌딩에서 일하는 사람들이 함께 고통을 당한다. 자신과 아무 상관없는 일 때문에 하루 종일 소음에 시달리고 일을 방해받아야 한다면 누구든 분통이 터지지 않을 수 없을 것이다.

지난해 7월 이후 이런 현상은 더욱 심해졌다. 헌법재판소가 야간집회 금지 조항에 대해 헌법불합치 결정을 한 뒤 국회에서 대체 입법이 이뤄지지 않고 있기 때문이다. 야간집회에 대한 고삐가 완전히 풀린 후 경찰에는 소음과 수면방해로 인한 민원이 크게 늘었다고 한다.

집회 소음에 대한 규제 방식도 합리적이지 못하다. 현행법 규정에 의하면 집회에서 아무리 큰 소리를 냈더라도 경찰이 측정하는 5분간만 소음 평균치가 제한기준을 넘지 않으면 아무 문제가 없다고한다. 법망이 너무 허술해 쉽게 빠져나갈 수 있는 구조다. 더구나우리나라의 집회 소음 허용한도는 선진국에 비해 훨씬 관대하다고한다. 소음의 크기를 재는 곳도 소음을 발생시키는 사람이나 확성기를 기준으로 삼는 것이 아니라 소음 피해를 호소하는 사람이 있는 곳을 기준으로 하고 있다.

집회와 시위의 자유는 민주주의의 기본적 권리 중 하나다. 민주주의 국가에서 이를 부인할 수 없고 부인해서도 안 된다. 집회를하면 어느 정도 소음이 발생하는 것도 이해할 수 있다. 그러나 모든 기본권은 무한대의 권리가 아니다. 내재적 한계가 있는 법이다.또 기본권을 행사할 때 다른 기본권과 충돌하게 되면 두 가지를 조화시킬 수 있는 방안을 찾아야 한다.

불행히도 요즘 집회의 자유를 주장하는 쪽에서 보이는 행태는 타인의 권리를 너무 가볍게 여기는 듯하다. 자신에게 집회를 할 권리가 중요한 만큼 다른 이들에게는 영업을 할 권리나 휴식을 취할 권리가 소중하다는 것을 알아야 한다. 모든 시민은 집회의 자유를 가짐과 동시에 불법 시위 때문에 영업과 통행을 방해받지 않을 권리,요란한 구호와 노랫소리에 일과 휴식을 방해받지 않을 권리를 가지고 있다.

정부와 국회는 하루속히 집회 소음한도가 다른 기본권과 조화될 수 있도록 합리적으로 조정해야 할 것이다. 또 무제한으로 풀려 있는 야간집회에 대해서도 일정 수준에서 규제하는 방안을 마련해야 한다. 그리고 한 가지 더. 이와 같은 제도적 정비에 앞서 다른 사람의 권리를 존중하는 성숙한 시민의식이 더욱 절실하다.

글로벌 경제위기 시즌2

흔히 가을을 계절의 여왕이라고 한다. 일년 중 가장 좋은 시절이라는 의미다. 좋은 날씨뿐 아니라 봄, 여름 내내 재배한 작물을 수확하는 풍성한 계절이기도 하다. "가을 밭에 가는 것이 가난한 친정집에 가는 것보다 낫다"라는 옛 속담이 있을 정도다.

그런데 올 가을 분위기는 예년과 사뭇 다르다. 최근 진행 중인 미국과 유럽의 경제위기로 우리 경제도 어려움을 겪고 있기 때문이 아닐까 한다. 8월 초 미국의 국가신용등급 하향 조정에서 시작된 국제금융시장 불안은 유럽 재정위기 우려와 복합되면서 계속되고 있다. 코스피지수도 두 달 사이 400포인트 이상 하락했고, 원·달러 환율은 급등하고 있다. 대한상공회의소에서 조사한 바에 따르면 4·4분기 기업 체감경기도 급격하게 나빠지고 있는 것으로 나타났다. 마치 3년 전 리먼 사태 때를 다시 보는 것 같은 생각이 든다. 대외의존도가 높은 우리 현실을 감안할 때 걱정이 되지 않을 수 없다.

이번 위기는 기본적으로 미국과 유럽의 채무위기다. 이처럼 국가

채무가 늘어난 것은 지난 2008년 금융위기 극복을 위해 미국과 유
럽연합(EU)이 막대한 재정지출을 한 데 기인하고 있다. 경기가 회
복되면 세수가 확대될 것으로 예상하고 재정을 대거 투입했으나,
재정적자만 심화되고 경기는 좀처럼 살아나지 않고 있는 것이다.
그런 점에서 2008년 글로벌 금융위기가 '시즌1'이었다면 이번 위
기는 '시즌2'로 보는 것이 맞을 것이다.

거상(巨商) 임상옥을 주제로 한 소설『상도(商道)』에 보면 "현명
한 사람은 지붕에서 한 방울의 낙숫물이 떨어지는 모습을 보는 순
간 얼마 안 가 지붕이 무너져내릴 것을 짐작한다"는 구절이 나온
다. 다가오는 위기를 막을 수는 없지만, 위기를 미리 예측하고 철
저하게 대비한다면 피해를 최소화할 수 있을 뿐 아니라 경우에 따
라서는 오히려 기회로 활용할 수도 있다.

정부는 이미 금융시장 모니터링을 강화하고 비상경제대책회의를
가동하는 등 발빠르게 움직이고 있다. 주요 20개국(G20), 국제통
화기금(IMF) 등과 글로벌 정책 공조를 통해 공동 대응체제를 마련
하자는 이야기도 나오고 있다. 기업들도 유동성 확보, 비상계획 수
립, 해외시장 재점검 등 위기관리에 적극 나서고 있다. 이번 위기
는 쉽사리 끝나지 않고 장기화될 것이라는 전망이 일반적이다. 가
을에 수확한 작물을 곳간에 든든하게 채우면 겨울을 잘 보낼 수 있
듯이 우리 기업과 정부도 준비를 철저히 해 세계경제 위기라는 겨
울을 잘 넘길 수 있기를 기대한다.

한국 '신성장엔진' FTA가 녹슬고 있다

지난해 1인당 국민소득이 다시 2만 달러 고지에 올라서면서 3만 달러 시대를 향한 기대감을 자아내고 있다. 그러나 원화가치 상승, 저출산·고령화 현상 심화, 국민 복지 요구 증대 등으로 경제의 성장동력이 갈수록 약화될 것임을 감안하면 현상 유지도 쉽지 않은 게 현실이다.

정부와 기업이 신성장동력 발굴에 힘을 쏟고 있지만 선진국과의 경쟁이 치열해 언제 얼마나 성과를 거둘 수 있을지 불투명하다. 경제 재도약을 위한 새로운 성장엔진의 보강이 절실한데 자유무역협정(FTA)이 그 유력한 대안이 될 수 있지 않을까 한다.

성장엔진으로서 FTA의 가능성을 단적으로 보여주는 사례가 한·칠레 FTA다. 칠레 시장에서 우리 기업들은 일본에 밀려 고전을 면치 못했으나 7년 전 양국 간 FTA가 체결된 이래 일본을 멀리 따돌리고 선두를 달리고 있다. FTA가 우리 기업에 날개를 달아준 셈이다. 반면 멕시코에선 우리 기업들이 밀려났다. 일본은 FTA를 체결했고, 우리는 그러지 못했기 때문이다.

FTA의 파급효과는 상대국 경제규모에 정비례한다. 우리는 경제력이 18배인 유럽연합(EU), 그리고 15배인 미국과의 FTA 협상을 이미 타결해놓은 상태다. 정식 발효되면 10년에 걸쳐 국내총생산(GDP)이 각각 5.6%와 6% 신장되는 효과가 발생할 것이라 한다. 동북아에서 FTA 허브로서의 위상을 확보하게 되면 더욱 많은 혜택이 이어질 것이다.

그러나 현재 우리의 FTA 교역 비중은 초라하기 그지없다. 미국(34.1%), 중국(19.2%), 일본(16.5%) 등 경쟁국보다 못한 15% 수준이다. EU 및 미국과의 FTA가 아직 발효되지 못했기 때문이다. 국회 비준마저 순탄치 않아 안타깝다.

시간은 우리를 기다려주지 않는다. 경쟁국 일본이 언제 EU와 FTA를 타결할지 모르는 일이다. 일본은 미국과도 환태평양파트너십(TTP)을 추진 중이다. 한·미 FTA가 1년 지연될 때마다 15조 원의 기대이익이 사라진다고 하는데, 애써 남들보다 먼저 FTA를 타결하고서도 제때 비준이 이뤄지지 않아 그 성과가 반감되는 일은 없었으면 한다.

대한민국은 부존자원이 변변치 않아 수출이 아니면 성장은 물론 유지도 힘들다. 무역의존도가 85%에 달해 수출이 줄면 내수 부문에 그 충격이 고스란히 전해진다. EU 및 미국과 FTA로 연결하고 이웃나라인 중국과 일본을 지렛대 삼아 국제무역의 중심지로 나아가는 게 우리의 활로다. 그러면 제자리걸음인 외국인 투자도 다시 활발해지고, 내수 진작과 일자리 창출도 기대할 수 있다.

세계는 지금 네트워크화가 급속히 진행 중이다. FTA 체결국들은 역내 교역을 통해 발전하고 그렇지 못한 국가들은 주변부로 밀려날 것이다. 일부 FTA 반대론자에게 발목이 잡혀 국민소득 3만 달러 달성에 꼭 필요한 성장엔진이 녹슬게 방치해선 안 된다.

당장 EU 및 미국과의 FTA 발효가 급선무다. 기업들은 세계 최대 시장인 이곳이 우리의 경제적 영토로 편입되기를 학수고대하고 있다. 정부도 관세지원 시스템을 갖추고 농축수산업 등에 대한 피해 보완대책을 시행키로 했다. EU 의회가 비준을 마쳤고, 미국 의회도 비준을 준비 중이다. 아무쪼록 국가를 위한 국회의 올바른 결단이 있었으면 하는 바람이다.

환율전쟁,
체질개선 계기로 삼아야

글로벌 금융위기 이후 세계경제가 어느 정도 진정되었다고 하지만 대부분의 국가들은 여전히 높은 실업률과 내수 부진으로 고전하고 있다. 경기부양책을 실시하려 해도 재정적자 때문에 여의치 않다. 회복세를 이어가려면 수출에 매달릴 수밖에 없는 형편이다. 제품·서비스 경쟁력을 갑자기 높일 수 없는 상황이고 보면 통화가치 절하를 통한 가격경쟁력 제고가 거의 유일한 대안이라 할 수 있다.

미국은 2015년까지 수출을 두 배로 늘리겠다는 목표 아래 유동성을 풀어 달러화 약세를 빌어붙이고 있다. 유럽연합(EU)과 함께 중국 정부에 위안화의 대폭 절상을 요구하고 있는 것도 그런 맥락이다. 반면 중국은 이러한 요구에 과도한 위안화 절상은 중국 경제에 타격을 줄 것이라며 반발하고 있다. 일본도 엔고를 저지하기 위해 외환시장에 개입했다가 EU의 강력한 비난을 받는 등 거대 경제권 간 환율 갈등이 고조되고 있다. 우리나라도 수출 호조로 무역수지 흑자가 계속되고 있는 상황에서 외국인의 주식·채권 투자자금이 급격히 유입되면서 원-달러 환율이 떨어지고 있다. 이번 서울 주요 20개국(G20) 정상회의에서도 환율 문제가 주요 이슈로 다루어질 전망이다.

현 시점에서 이번 환율 전쟁이 심각한 파국으로 이어질 가능성은 그리 크지 않다고 본다. 하지만 각국의 의견대립이 첨예해 환율 갈등이 단기간에 해결되기도 어려운 게 현실이다.

기업경영에도 어려움이 생기고 있다. 당장 모든 수출입 물량을 환헤지하는 것도 현실적으로 어렵고, 내년 사업계획을 짜는 것도 여의치 않다. 기업인들은 한결같이 "환율이 언제까지 얼마나 떨어질지 끝이 보이지 않는다"고 어려움을 토로하고 있다. 수출 의존도가 43.4%를 차지하는 우리 경제의 특성상 환율하락은 수출감소로 직결될 수밖에 없다. 원자재 수입 비중이 높은 정유·철강산업과, 항공기 구입 등 외화부채 비중이 높은 항공산업을 제외한 대부분의 산업이 피해를 볼 것으로 예상된다. 특히 수출 비중이 60~80%에 달하는 반도체, LCD, 자동차산업의 경우 큰 타격이 예상된다. 현대·기아차의 경우 환율이 10원 떨어지면 연간 2000억 원의 매출 손실이 발생하는 것으로 분석되고 있다.

대한상공회의소가 전국 504개 수출제조기업을 대상으로 조사한 바에 따르면 원-달러 환율이 1050~1100원으로 떨어지면 수출기업의 75.4%가 수출 마진을 확보할 수 없다고 응답했다. 따라서 환율하락 속도를 안정적으로 관리할 필요가 있다. 최근 환율하락이 문제되는 것은 그 수준 자체보다도 '속도' 때문이다. 정부는 외환시장 모니터링을 강화하는 한편 다양한 수단을 활용해 환율 안정을 위해 노력해야 할 것이다. 기준금리 결정 문제도 신중하게 접근

해야 한다. 글로벌 유동성이 많은 상황에서 금리인상은 외국자본 유입을 촉진해 추가적인 환율하락을 초래할 우려가 있다.

기업도 대책을 마련해야 한다. 무엇보다 외환 전문인력 확보, 결제통화 다변화, 환헤지 등 리스크 관리에 적극 나서서 환율변동으로 인한 피해를 최소화해야 한다. 근본적으로는 원가절감, 생산성 증대, 물류·구매 효율화 등 체질개선 노력이 필요하다. 어려운 때일수록 기본으로 돌아가라는 말이 있다. 우리 기업들이 이번 환율전쟁을 체질개선과 경쟁력 강화의 계기로 삼아 한 단계 더 도약할 수 있기를 기대해본다.

글로벌 플레이어, 한국경제의 힘

국가발전의 원동력은 무엇이며, 그 힘은 어디에서 나오는 것일까? 세계 최대 제국이었던 로마제국과 몽골제국의 흥망성쇠를 생각하면 지도자의 역할에서 해답을 찾을 수 있겠지만, 민주주의와 자본주의가 뿌리내린 현대에서는 사회구성원의 역할이 더욱 중요한 요소가 아닐까 한다. 인류 최고문명을 자랑하는 그리스가 최근 세계경제의 골칫거리로 전락한 모습이나 한때 대영제국의 식민지였던 미국이 세계 최강국으로 올라선 점도 구성원들의 도전정신과 사회의 역동성이 국가발전에 얼마나 중요한지 보여준다.

우리도 그렇다. 오랜 식민통치와 전쟁의 폐허를 극복하는 일에는 정치적 리더십과 정부의 역할이 컸지만 경제가 발전하고 사회가 다원화된 오늘날에는 기업과 국민의 역할이 더욱 중요해졌다. 그리고 다행스럽게도 우리 사회의 에너지는 그 어느 때보다 왕성한 상태이다.

문제는 얼마 전 사상초유의 글로벌 금융위기를 극복한 이후 양극화의 후폭풍 속에서 사회에너지가 분열양상을 드러내고 있다는 점이다. 이는 수출 대기업 부문은 원화하락과 세계적인 부양책에 힘입어 경기가 회복된 반면 내수 중소기업 부문에서는 침체가 장기화된 데 따른 것으로 우리 사회가 이스털린의 역설처럼 경제성장이 행복지수에 별 영향을 주지 못하는 단계에 이르고 상대적 박탈감에 빠진 이들이 많아지고 있는 것으로 짐작된다. 또 선거일정이 다가옴에 따라 양극화현상이 복지사회론으로 전개되는 가운데 우리 사회는 새로운 통합을 향한 시험대에 서 있다고 할 것이다.

그런데 국가가 한 단계 발전하려면 부문별 패러다임의 변화가 필수지만 이것이 누에고치가 나비로 탈바꿈하듯 저절로 진행되는 것은 아니다. 정확한 항해지도와 튼튼한 선박, 그리고 유능한 선원을 잘 갖춰도 언제 어떻게 표류할지 모르는 위험이 뒤따르는 일로서 국가 중에서도 성공한 경우는 드물고 중도탈락 사례가 더 많다.

이런 점에서 최근 정치권의 대립양상이 심화되고 우리 사회의 대기업 비난 분위기가 팽배해지고 있어 걱정스럽다. 대기업은 우리 경제성장을 이끌던 주역으로서 지속적인 발전을 위해 앞으로도 많은 역할을 해야 하기 때문이나. 일부 대기업의 잘못된 사례를 모든 대기업의 문제로 확대해 기업정책이 후퇴하는 것은 아닌지 우려된다. 대·중소기업 간 동반성장을 촉진하는 정책도 정도가 지나쳐 대기업은 물론 협력업체의 경쟁력마저 떨어뜨리지나 않을까 두렵다. 특히 물가안정이나 건강보험재정의 안정 등을 명분으로 기업을 규제하는 일이 적지 않은데, 기업 의욕을 약화시키고 기업 부문의 성장동력을 훼손할 수 있다는 점에서 신중해야 할 일이다.

국가발전방향과 전략을 마련하기 위해 정론을 모으고 사회 구성원들의 에너지를 결집하는 일이 시급하다. 특히 경제력이 국력인 시대를 맞아 국가발전의 최전선에 있는 기업의 역할을 올바로 평가하고 사기를 북돋아주는 일이 긴요하다.

우리 경제의 발전과 더불어 많은 기업들이 세계적 강자들 간의 최종리그에 진출해 진검승부를 펼치고 있다. 삼성, 현대, LG 같은 기업들이 여기에 출전한 대한민국의 국가대표 선수들이다. 비즈니스 부문의 박지성 선수이자 차두리 선수인 것이다. 그리고 다수의 중견·중소기업들도 세계무대에서 맹활약하고 있다. 국민들의 격려와 응원을 에너지 삼아 우리 기업들은 기업가 정신을 꽃피우고 세계 최고를 향한 열정을 불태운다.

최근 지구촌 곳곳에서 K팝을 비롯한 한류가 인기를 모으고 있다. 우리 모두 스포츠 스타와 연예계 스타에게 박수를 보내듯 기업부문의 글로벌 플레이어들에게도 박수를 보냈으면 한다. 지구촌 곳곳에서 'Made in Korea'가 최고로 평가되고, 많은 미래세대들이 최고경영자(CEO)를 향한 도전정신과 창의력을 꽃피우는 대한민국의 모습을 기대해본다.

FTA 활용법 머리 맞대자

한·미 자유무역협정(FTA) 비준안이 국회에서 여당 단독으로 강행처리됐다. 여야 합의로 통과되지 못해 안타깝지만 현실적으로 야당의 주장을 수용하기 어렵고, 비준을 더 이상 미룰 경우 한·미 FTA가 아예 무산될 가능성도 있었다. 국익을 위한 불가피한 선택이었다고 생각한다.

사실 한·미 FTA가 체결된 지 이미 4년여가 흘렀다. 그동안 경제계는 FTA 비준이 하염없이 지연되면서 우리 기업들의 미국시장 선점기회기 보류되고, 개방과 외국인 투자를 통해 내수 서비스산업이 한 단계 발전할 수 있는 기회가 사라지는 걸 안타깝게 지켜봐 왔다.

우리나라는 자원이 부족하고 내수시장이 협소해 세계시장에서 활로를 찾을 수밖에 없는데도 국회가 이런 현실을 외면해 답답하고 야속하다는 기업인이 많았다. 미국 의회가 이미 비준을 끝낸 사안을 재협상하라는 건 FTA를 하지 말라는 얘기라는 지적도 있었다.

일본이 유럽연합(EU)과 FTA 협상을 시작하고 미국과도 환태평

양경제동반자협정(TPP)을 추진하고 있으니 자칫하면 미국시장을 선점당한다는 불안감도 적지 않았다.

물론 최근 비준 거부의 빌미가 된 '투자자·국가소송제(ISD)'에 대해서는 그 위험성을 걱정하는 이가 적지 않다는 것을 알고 있다. 그러나 이 문제는 과장된 부분이 많다. ISD는 기본적으로 투자상대국 정부가 부당하게 정책을 변경해 외국인 투자가에게 손해를 끼쳤을 때 발동되는 제도다. 부당하게 손해를 입혔다면 배상해주는 것이 원칙이다.

ISD 조항을 삭제한다고 해서 정부의 배상책임이 면제되지는 않는 것이다. 다만 정부가 손해배상을 해주지 않을 경우 분쟁조정절차를 보다 간편하게 진행할 수 있도록 하는 조항일 뿐이다. 전 세계 147개국이 채택하고 있는 국제표준(Global Standard)으로서 외국인 투자를 유치하고, 동시에 외국에 투자한 우리 기업을 보호하기 위해 꼭 필요한 조치다.

이제는 미국이 우리나라에 투자하는 금액보다 우리가 미국에 투자하는 금액이 더 크고, 세계시장에 의존해 경제의 지속성장을 추구해야 하는 우리의 처지를 감안하면 긍정적인 인식을 가져야 할 부분이 아닌가 한다.

요즘 경제 여건이 심상치 않다. 미국·유럽의 재정위기가 심각해지면서 경기침체의 암운이 드리우고, 환율이나 원자재 가격이 불안요인으로 잠복해 있는 상태다. 저출산·고령화 현상이 심화되는 가운데 복지요구가 높아지면서 성장동력은 약화되고 있다. 대한민국이 2만 달러의 고지는 넘었지만 3만 달러 고지를 향한 지속성장은 만만치 않다.

이제는 세계 주요국과의 FTA를 새로운 성장엔진으로 삼아 국운 융성의 시동을 걸어야 할 때다. 한·미 FTA의 국회비준이 완료됨에 따라 경제력이 한국의 18배인 EU, 그리고 15배인 미국 시장을 향한 투자와 교역의 경제고속도로가 구축되었다. 유럽과 아시아·북미의 3개 대륙을 하나로 연결하는 동북아 자유무역중심 국가의 위상이 확보된 것이다. 하지만 좋은 기회도 활용하지 못하면 무용지물이다. 무엇보다 내년 1월부터 FTA 시대가 열릴 수 있도록 소모적 논쟁과 갈등을 극복할 필요가 있다.

동시에 기업들이 앞장서 미국과 유럽 각지로 활발하게 진출하고 외국인 투자유치에 박차를 가하는 등 FTA를 최대한 활용하는 방안을 실천해야 한다. 중소기업들도 넓은 해외시장을 상대로 자기 분야에서 히든챔피언으로 발돋움해 나가고, 내수업체들도 해외시장 진출에 나서주기 바란다.

정부의 역할이 매우 중요하다. 정보가 어둡고, 방법을 알지 못하는 중소기업들이 해외진출에 성공할 수 있도록 최대한의 지원을 아끼지 말아야 한다. 특히 취약산업이 겪을 수 있는 피해와 문제점을 점검하고 보완하는 데에도 만전을 기해주길 바란다.

수출하려면 전략물자 관리부터

지난해 11월 국제원자력기구(IAEA)가 이란 핵개발 의혹 관련 보고서를 발표한 후 국제사회는 이란산 원유 수입을 감축하는 등 다방면으로 경제제재 조치를 취하고 있다. 올해 3월 53개국 정상과 4개 국제기구 대표들이 모인 서울 핵안보정상회의에서 논의된 최대 이슈 중 하나도 이란과 북한 문제였다. 비록 공식 의제에는 포함돼 있지 않았지만 많은 정상들이 이란의 핵무기 개발과 북한의 광명성 3호 발사 계획에 대해 우려를 표명하고 중단을 촉구했다.

이란의 핵개발과 북한의 미사일 발사는 한국과 이스라엘만의 문제가 아니며 국제사회 전체의 평화·안전과 직결된 문제다. 이란의 핵개발을 저지하기 위해서는 국제사회의 인식 제고와 수출기업의 전략물자 관리가 무엇보다도 중요한 과제로 제기되고 있다.

그렇다면 전략물자란 무엇이며 어떻게 관리해야 하는가. 전략물자란 대량파괴무기(WMD), 재래식무기와 그 운반수단인 미사일 개발·제조에 이용 가능한 물품·기술로 국제사회가 특별히 지정해놓은 관리대상 품목들이다.

관리대상 품목이라고 해서 일반 산업계와 동떨어진 품목들을 의미하는 것은 아니다. 영화 「맥가이버」를 예로 들어보자. 주변에서 흔히 볼 수 있는 생활용품이 그의 손을 거치는 순간 무기로 변하는 장면은 전략물자 수출관리에서 말하는 이중용도(Dual-Use)의 의미를 가장 잘 설명해준다. 이중용도란 산업용품과 군용물품을 제조하는 데 모두 이용될 수 있다는 의미로 전략물자 대부분은 이중용도 품목이다.

테니스 라켓 제조에 쓰이는 탄소섬유가 미사일의 동체를 만드는 데 사용될 수 있고, 백열전구 필라멘트에 쓰이는 텅스텐 합금은 대전차용 포탄 탄심으로 활용될 수 있기 때문에 전략물자로 분류된다. 전략물자라고 하면 아직도 무기만 떠올리는 경우가 많지만 맥가이버를 생각하면 쉽게 이해될 것 같다.

전략물자가 우려 국가나 우려 집단에 흘러 들어가지 않도록 관리하는 것은 핵무기·미사일 개발을 저지하는 길인 동시에 지난 2001년 9·11 테러와 같은 참사가 재현되는 것을 방지하기 위한 핵심요소다. 유엔(UN)은 9·11 사건 이후 안전보장이사회 결의 1540호를 채택, 모든 회원국에 자국 내 전략물자 이전에 대한 통제조치를 강제하도록 의무화했고, 전략물자 수출관리는 모든 국가가 준수해야 하는 국제규범이 됐다.

우리 수출 기업이 전략물자 수출관리 위반으로 국제사회의 제재와 국내 대외무역법에 따른 형사벌이나 행정처분(7년 이하 징역이나 거래가격 5배 이내의 벌금, 3년 이내의 수출금지)을 받게 되면 회복하기 어려운 치명적 피해를 입을 수 있기 때문에 관련규범 준수는 무척 중요하다. 이렇듯 전략물자 수출관리는 기업의 생존과 직결될 만큼 영향력이 큰 국제규범으로 자리 잡았으며 글로벌 기업이 반드시 준수해야 할 필수조건이 됐다.

이와 같은 국제사회의 요구에 따라 우리나라도 국제기준에 따른 전략물자 관리를 위해 대외무역법을 정비하는 한편 전략물자관리원을 설립해 전략물자 판정 서비스를 제공하는 등 기업들이 수출관리규범을 이행할 수 있도록 적극 지원하고 있다. 전략물자관리원은 무역 2조 달러 시대를 향해, 무역대국으로의 지속적인 성장을 위해 국내 기업들의 전략물자 수출관리규범 이행 편의를 제공하는 데 많은 노력을 기울이고 있다. 우리 기업들도 전략물자 관리제도를 확실히 인식하고 준수하는 것이 국제사회에서 책임 있는 글로벌 기업으로 비쳐지고 지속 성장할 수 있는 첫걸음이라는 점을 분명히 인식해야 할 것이다.

추석 비에도 보은 아가씨 시집보내려면

추석 경기를 나타내는 두 개의 속담이 있다. 하나는 흔히 쓰는 '더도 덜도 말고 한가위만 같아라'다. 추석은 오곡백과가 무르익는 만큼 모든 것이 풍성하다. 즐거운 놀이도 많아 아이부터 어른까지 모두가 즐겁고 풍요로운 추석 경기를 나타내는 말이다.

반대로 충북 보은군에서 유래한 '보은 아가씨 추석 비에 운다'는 속담은 어려운 추석 경기를 나타내는 말이다. 보은군은 예부터 대추나무로 이름난 고장이다. 대추나무는 삼복 중에 수정을 하는데 추석 무렵에 비가 내리면 얼매가 영글지 못한다. 그래서 추석 비에 대추 농사가 흉년이 들면 혼수를 장만하지 못한 보은 아가씨가 시집가기 힘들어 눈물을 흘린다는 뜻이다.

한가위를 며칠 앞두고 더없이 풍요로워야 할 이때, 보은 아가씨처럼 눈물 흘리는 국민이 많지 않을까 걱정이다. 수확철을 앞두고 불어닥친 태풍 탓에 올해 쌀농사가 32년 이래 최악의 흉작을 기록할 전망이다. 농림부 자료를 보니 85만ha에 달하는 전국의 논 가운데 태풍으로 인해 각종 피해를 본 논이 전체의 15%인 13만ha

에 이른다고 한다. 여기에 우리 경제의 버팀목인 수출도 전망이 밝지만은 않다. 대한상공회의소에 따르면 올해 4분기 수출이 지난해 동기에 비해 4.5% 감소할 것으로 예측됐고, 많은 기업이 내년 하반기에나 수출 경기가 회복할 것으로 내다봤다.

세계 경기도 통화확장정책에도 불구하고 여전히 먹구름이 가시지 않고 있다. 유럽과 중국·미국·일본 등의 경기가 좀체 살아나지 않고 있는 것이다. 유럽의 한 연구소에 따르면 50미만이면 경기 위축을 나타내는 제조업·서비스업 복합 구매관리자지수(PMI)가 9월 기준으로 유로존이 45.9로 잠정 집계됐다고 밝혔다. 중국도 47.8에 그쳤다. 미국은 51.4로 간신히 기준치를 넘겼으나 지난해 동기보다 0.7포인트 하락했다.

한가위를 즈음해 나라 안팎에 호우경보가 예고된 상황에서 혼삿길이 막힐지 모를 보은 아가씨를 시집보내려면 어떻게 해야 할까. 국민과 기업·정치권이 함께 우리 민족 고유의 민속놀이를 펼치는 것이 보은 아가씨를 위한 해답이 될 듯하다.

먼저 국민은 구성진 가락에 맞춰 한바탕 강강술래를 펼쳐보자. 경제는 심리라고 한다. 춥다 춥다 하면 정말 추워지는 법이다. 경제용어 중에 자기 실현적 예언이란 말이 있다. 모든 경제주체가 경제에 비관적 심리를 갖게 되면 실제 경기가 나빠진다는 뜻이다. 노벨 경제학상을 받은 대니얼 카너먼도 "경제를 움직이게 하기 위해서는 가계와 기업의 심리를 움직여야 한다"고 말한 바 있다. 왁자지껄 신명 나게 노는 것이 구름 낀 추석 경기 사이로 보름달을 뜨게 하는 길이고, 움츠러든 어깨를 펴 신바람 문화를 되살리는 것이 경기에 활력을 불어넣는 것임을 알아야 한다.

정부와 기업은 거북놀이를 벌여보자. 거북놀이는 수수잎으로 거북 모양을 만들어 쓰고 집집마다 돌아다니며 노는 놀이다. 우선 정부는 세계경제 둔화라는 폭우가 기업에 미치지 않도록 수수잎을 만들어야 한다. 각종 규제나 불합리한 세제, 경직적인 노동규제를 완화해 기업이 일자리라는 명절 선물을 집집마다 배달할 수 있도록 길을 닦아야 한다. 기업도 비가 온다고 처마 밑에 숨지 말고 투자를 늘리고 청년층에게 일자리를 주어 거북놀이 행렬을 키워야 한다.

정치권은 줄다리기나 소싸움 같은 승패 가르는 놀이를 자제해야 한다. 줄다리기는 이기는 편에 풍년과 안녕이 깃든다는 것인데 지금은 누구도 패하지 않고 모두가 승리하도록 서로를 손잡게 만들어야 할 때이다. 편가르기 식 이념논쟁을 자제하고 과도한 경제게임을 삼가야 한다. 정치권은 놀이의 주체가 되는 대신 연출가의 역할을 맡아 국민과 기업 모두의 흥을 돋우도록 가락과 무대를 준비하는 데 힘써야 한다.

조선시대 숙종은 궁중에서 쓰는 사기그릇인 푼주에 담긴 맛 좋은 송편을 먹고도 볼품없는 주발 뚜껑에 담긴 송편을 먹던 선비 내외의 다정스러운 모습이 부러운 나머지 수라상을 뒤엎어버렸다고 한다. 추석을 가장 풍요롭게 만드는 것은 물질이 아닌 가족 간의 사랑과 정이다. 돌아오는 올 추석에는 고향을 찾는 모든 이가 민속놀이를 통해 물질이 아닌 사랑과 정을 나누고 나라 경제도 살리는 '더도 덜도 없는 한가위'가 되었으면 한다.

서비스업에 기회,
한·EU FTA

지난 2006년 5월 월마트가 한국시장에서의 철수를 공식 발표했다. 전세계 15개 국가에서 4,000억 달러가 넘는 매출을 올리고 있는 세계 최대 유통공룡이 한국에서 고배를 마신 것이다. 월마트가 한국 시장에서 영업권을 넘긴 곳은 다름아닌 한국 토종기업 이마트. 월마트 스스로 국내 기업과의 경쟁에서 완패를 자인한 셈이 됐다.

국내 기업과의 경쟁에서 밀린 것은 세계2위 유통기업 까르푸도 마찬가지였다. 월마트와 비슷한 시기에 까르푸도 실적악화를 견디지 못하고 한국시장 철수를 결정했다. 1996년 유통서비스시장 개방 이후 국내 유통산업은 글로벌 기업의 '잔치판'으로 전락하지 않을까 우려됐지만 기우에 불과했다. 국내 기업들은 외국의 선진유통기법을 적극 도입하면서 자체역량을 키워나갔다.

이에 만족하지 않고 한국 소비자들의 성향을 잘 읽어 신선식품을 높이거나 편의시설을 늘리는 등 지속적인 서비스 향상 노력으로 해외업체와의 경쟁에 적극 대처했다. 그 결과 시장개방 10년 만에 외국 기업의 철수를 이끌어냈을 뿐만 아니라 중국·베트남 등 해외 시장 진출을 활발히 추진할 만큼 글로벌 경쟁력을 향상시킬 수 있었다. 월마트와 까르푸 사례는 한·EU 자유무역협정(FTA)으로 서비스시장 개방을 앞두고 있는 우리에게 시사하는 바가 크다. 한·EU FTA가 발효되면 법률·회계 등 서비스 분야에서 유럽 기업들의 공세가 거세질 것으로 예상되지만 우리의 대응 여하에 따라 서비스시장 개방도 무조건 두려워할 것만은 아니라는 교훈을 주기 때문이다.

내년 7월1일부터 잠정 발효될 것으로 예상되는 유럽연합(EU)과의 FTA로 국내 서비스산업이 피해를 볼지 모른다는 우려가 큰 게 사실이다. EU는 서비스업의 국내총생산(GDP) 비중이 80%에 이르는 서비스 강국으로 우리는 EU와의 서비스 교역에서 2004년 이후 해마다 적자를 기록해왔다.

서비스산업 경쟁력도 EU의 3분의2 수준에 불과하다. 유럽 서비스기업들은 경쟁력 우위를 바탕으로 한·EU FTA를 한국시장 진출을 위한 절호의 기회로 인식하고 있다. 실제로 영국계 로펌사들은 국내에서 법률포럼을 개최하는 등 한국 법률서비스시장 진출을 위한 노력에 박차를 가하고 있다.

이런 상황에서 경쟁력이 취약한 분야를 개방하는 것은 일견 손해를 자초하는 일로 생각될 수 있다. 하지만 실상은 그렇지 않다. 대외개방도가 높은 분야일수록 자유경쟁 풍토가 형성되면서 강한 경쟁력을 배양할 수 있기 때문이다. 가전이나 자동차 등 제조업 분야가 우리 경제의 주력산업으로 성장할 수 있었던 것은 국내 기업들이 개방된 국내외 시장에서 전세계 기업들과 치열한 경쟁을 통해 세계적인 경쟁력을 키웠기 때문에 가능한 일이었다.

문화산업도 마찬가지의 경우다. 일본에 문호를 개방한지 12년이 지난 지금 우리 문화산업은 걱정했던 국내시장 잠식 대신 일본에 '한류'를 역수출할 정도의 경쟁력을 갖추게 됐다.

우리 경제가 국민소득 3만 달러 시대를 열기 위해서는 서비스업 발전이 필수다. 서비스업 선진화는 제조업에 대한 높은 의존도를 줄이고 수출과 내수의 균형발전으로 경제의 체질을 튼튼히 하는 첩경이다. '고용 없는 성장' 문제의 극복을 위해서도 일자리 창출효과가 큰 서비스산업 성장이 중요하다.

따라서 적극적인 대외개방으로 국내 서비스산업의 역량을 키워 나가야 한다. 이런 점에서 한 · EU FTA는 국내 서비스기업들이 글로벌 경쟁력을 한 차원 높일 수 있는 좋은 기회이다. 그러나 정부의 지원만을 기대하는 수동적인 자세로는 곤란하다. 업계 스스로 기업가 정신을 바탕으로 시장개방을 경쟁력 제고의 기회로 인식하고 적극적으로 대처하는 노력이 필요하다.

기업들의 투자를 유도할 수 있는 정부의 정책적 배려도 중요하다. 특히 그동안 서비스산업 발전에 발목을 잡아왔던 각종 규제들의 개선노력은 아무리 강조해도 지나치지 않을 것이다.

'비행기 타고 온 괴짜들'의 충고

"한국은 뜨고 일본은 지고 있다. 중국은 무서운 속도로 따라오고 있다."

지난 9일 독일 베를린에서 폐막한 유럽 최대 가전·정보기술(IT) 전시회 'IFA 2011'에서 나온 한·중·일 3국에 대한 평가다. 국내 업체들이 이번 전시회를 통해 세계 최고의 경쟁력을 입증한 반면 '타도 한국'을 외치던 일본 업체들은 제품의 시장성과 디자인 모두에서 한참 못 미치는 성적표를 받아들었다.

일본 전자업체의 쇠락은 최근의 일이 아니다. 일본의 상징이었던 소니는 만성 적자에 허덕이고, 일본 반도체업계 최후의 보루이던 엘피다는 2009년 공적자금을 투입받기에 이르렀다. 일본 대표 전자브랜드 중 하나이던 산요도 중국 자본에 팔렸다. 글로벌 모바일 시장에서 일본 업체들은 존재감을 상실했고 '일본에서 통하면 세계에서 통한다'는 말도 이제 옛말이 됐다.

과거 일본은 1억3000만 명에 이르는 탄탄한 내수시장 덕분에 독자적인 기술 표준을 고수하면서도 세계시장에서 살아남을 수 있었다. 하지만 기술 수준을 지나치게 일본 내수시장에만 맞춘 나머지 수준은 높되 세계시장의 욕구나 국제표준과 맞지 않아 고립의 길을 걷게 됐다. 글로벌 시장에서 경쟁력을 잃게 되자 일본 내수시장마저도 위기에 처했다. 뉴욕 타임스는 이러한 일본 상황을 '갈라파고스 신드롬'이라고 정의했다. 육지와 멀리 떨어져 독자적으로 진화하면서 경쟁력이 약화된 나머지 외부종이 유입되자 많은 종이 멸종의 비극을 겪은 갈라파고스 섬에 빗댄 것이다.

이처럼 일본 상황을 일컫는 말이던 '갈라파고스 신드롬'이 최근 들어 한국의 IT·인터넷 산업에도 적용될 조짐이다. 미국 실리콘밸리의 에인절투자자 모임인 '비행기 타고 온 괴짜들(Geeks on a plane)'의 창립 멤버 벤저민 조프는 지난해 한 언론과의 인터뷰에서 "한국은 IT 세계에서 갈라파고스 섬"이라고 일침을 놓았다. '괴짜들' 중에서도 동아시아에 관한 최고 전문가로 꼽히는 그가 이 같은 표현을 쓴 이유는 뭘까.

먼저 국내 업체들의 지나친 기술 지상주의가 몰락기 일본의 그것과 닮아가고 있기 때문이다. 한국 IT 업계가 아이폰 쇼크를 경험한 것도 그 때문인데, 아이폰은 최고 기술의 집합체가 아니라 최고 아이디어의 집약체였다. 국내 IT산업이 지나치게 내수시장에만 초점을 맞추고 있는 것도 문제다. 일찍이 국내 IT기업들은 사이버머니, SNS 등 세계적 비즈니스 모델을 개발했지만 내수시장에만 안주하고 글로벌화에 나서지 않아 구글·페이스북 같은 글로벌 IT기업으로 발돋움하지 못했다.

각종 규제도 IT산업 발전을 저해한다. 17일 서울에서 열린 세계

IT경영포럼에서 많은 전문가는 국내 벤처기업이 성공하기 힘든 이유로 IT산업에 대한 규제를 지적했다. 인터넷 실명제, 게임 콘텐츠 사전심의 같은 '나 홀로 규제'가 발전을 저해한다는 것이다.

일본이 겪은 우를 우리가 범하지 않기 위해서는 기술보다 아이디어를 최우선으로 삼아야 한다. 기술은 아이디어를 실현하는 도구일 뿐이다. 기업은 기술개발 단계에서부터 세계시장을 내다보고 표준화를 통해 글로벌시장을 확보하는 데 힘써야 한다. 정부 또한 와이브로의 경우처럼 한국형 표준만을 고집한 과거의 잘못을 되풀이하지 말고, IT산업에 대한 과감한 규제 개혁을 추진해야 할 것이다.

노영읍위(魯嬰泣衛)라는 말이 있다. 노나라의 소녀 '영'이 위나라 세자의 어리석음이 제 나라에 미칠 재앙을 내다보고 울었다는 고사에서 나온 말이다. 세상 모든 일이 나와 상관없는 것이 없으므로 항상 세계의 흐름에 민감해야 한다는 뜻이다. 시시각각 변하는 글로벌 경쟁 속에서 우리 기업들에 경종을 울리는 교훈이라 생각된다.

18홀에 담긴 인생

"완벽한 골프는 없듯이, 완벽한 인생도 없다. 다만 오늘을 감사하며 인생의 18홀을 마칠 때까지 뚜벅뚜벅 걸어갈 뿐이다"

18홀에 담긴 인생

"여보, 피곤한데 오늘은 좀 집에서 쉬시라니까요."

"여보, 미안하오. 그래도 골프 약속은 부모님이 돌아가시는 경우 외에는 절대 깨는 거 아니랍디다."

10월 어느 토요일 아침, 나는 마누라의 잔소리를 뿌리치고 집 밖으로 나섰다.

다소 쌀쌀한 날씨였지만 클럽하우스에는 수많은 주말골퍼들이 하나같이 설레는 표정으로 티오프(tee-off) 시간을 기다리고 있었다. 요즘엔 주말뿐만 이니라 주중에노 남녀노소 애호가들이 넘쳐난다고 한다. 아무래도 스크린 골프와 매스컴이 골프 인구를 늘리는 데 기여한 탓일 게다. 상쾌한 아침 공기와 함께 이슬을 머금은 부드러운 잔디를 따라 걸으면 자연과 내가 그리고 골프공이 하나가 되는 순간임을 깨닫는다. 첫홀 티샷이 잘되면 그날 골프는 그럭저럭 '낫 배드(not bad)'이다. 설령 티샷이 잘 안 되더라도 무너지는 경우는 드물다. 나름대로 안정적인 골퍼의 관록이랄까.

필자가 경험을 해보니 싱글골퍼가 되기 위해서는 8할이 노력이다. 잘 모르는 사람들은 고정된 볼을 쳐서 홀에 넣는 것이 뭐 그렇게 힘드냐 할 수도 있겠지만 다양한 클럽의 각도에 맞춰 볼을 정확히 보내기란 생각보다 매우 어렵다. 따라서 좋은 스코어를 내려면 기본기에 충실하며 연습을 게을리하지 말아야 한다.

수많은 격언이 있지만 골프가 얼마나 많은 연습과 관심을 필요로 하는 것인가에 대한 농담이 유독 가슴에 와 닿는다. 골퍼가 100대를 치면 골프를 소홀히 하는 것이고, 90대를 치는 사람은 가정을 소홀히 하는 것이고, 80대는 비즈니스를, 70대는 골프 이외의 모든 것을 소홀히 한다는 것이다.

평정심 유지도 필수적이다. 호주의 백전노장 골퍼인 그렉 노먼도 플레이를 잘못하고 있으면 생각이 복잡해지고 혼란스러워진다는데 우리 같은 아마추어들이야 오죽 하겠는가. 그래서 내 경우는 또박또박 친다는 표현이 적절할지 모르겠는데, 홀마다 욕심 내지 않고 침착하게 치려고 노력하는 편이다. 마음을 비우지 않고 욕심을 부리면 무리하게 힘이 들어가 자칫 미스 샷이 나기 십상이다.

골프는 정보교류의 장이기도 하면서 동시에 함께하는 스포츠라고 생각한다. 라운딩 동료와의 약속 그리고 매너가 중요시되는데, 일단 라운딩 약속을 지키는 것은 기본이요, 자기 차례에서 너무 시간을 끌거나 공을 건드리는 등의 행동을 해서는 곤란하다. 성실한 노력과 담대한 마음 그리고 약속을 중요시 여기는 태도, 이러한 것들은 우리가 인생이라는 골프코스를 라운딩하는 데 있어서도 가장 중요한 것들이 아닐까 생각한다.

마음대로 되지 않는 것이 골프와 인생이다. 볼이 워터 해저드에

빠져 허우적거릴 수도 있고, 소나무 숲으로 빠져 진땀 나는 샷을
해야만 하는 경우도 생기겠지만 너무 조급하게 생각하지는 말자.

완벽한 골프는 없듯이 완벽한 인생도 없다. 다만 오늘을 감사하
며 인생의 18홀을 마칠 때까지 뚜벅뚜벅 걸어갈 뿐이다.

낙타고기

예로부터 중동에서 낙타는 가장 중요한 운송수단이자 귀중한 재산으로 낙타고기는 축제일이나 결혼식 또는 귀한 손님을 맞이하는 특별한 때에 대접하는 최고의 음식이라고 한다. 특히 낙타고기는 고칼로리이지만 콜레스테롤이 함유돼 있지 않은 건강식으로 알려져 있다.

필자는 지난 10월 하순께 오만 출장 중 낙타고기를 경험하는 흔치 않은 기회를 가졌다. 그 기회를 제공한 사람은 오만의 대표기업인 샨파리 그룹의 아딜 사이드 아흐메드 알 샨파리 부회장이었다.

우리 정부 및 민간 경제사절단은 알 샨파리 부회장의 저택에 오찬초대를 받아 융숭한 대접을 받았다. 영접실에 마련된 음식의 메인요리는 여태까지 먹어보지 못한 낙타고기였다. 저택에서 약 1200㎞ 떨어진 살랄라 지방에서 우리를 위해 3개월 된 어린 낙타를 직접 공수했다고 한다. 연신 웃으며 소매를 걷어붙이고 손님들에게 낙타고기가 몸에 좋다며 정성스레 직접 고기를 떼어주던 알 샨파리 부회장의 얼굴이 눈에 선하다.

한국 · 오만 민간경제협력위원회에서 오만측 위원장을 맡고 있는 알 샨파리 부회장은 손꼽히는 친한파 인사로 석유, 가스, 건설, 운송, 관광 등을 중심으로 25개 이상의 자회사를 거느린 샨파리 그룹을 운영하고 있다. 그의 부친인 사이드 빈 아흐메드 알 샨파리 회장은 석유 · 가스장관으로 재임시 한국가스공사와 25년간 LNG 장기매매계약을 체결했던 장본인으로 한국과 각별한 인연을 맺고 있다.

이곳에서 필자가 만난 현지 진출 기업이나 교포들은 한결같이 예전에 비해 한국에 대한 인지도가 크게 높아지고 이미지도 훨씬 좋아졌다고 전했다. 오만 기업인들도 한국 기업과 비즈니스하려는 자세가 매우 진지하고 적극적이었다. 한국에 대한 호감도가 높아진 것은 한국이 UAE 원자력발전소 건설을 수주하고 주요 20개국(G20) 정상회의를 개최하는 등 대외위상이 높아졌기 때문이라고 한다.

최근 오만 등 중동 국가들은 석유자원이 고갈될 것에 대비해 장기비전을 세우고 새로운 먹거리를 찾기 위한 노력이 한창이다. 부쩍 높아진 위상을 바탕으로 최고의 기술력을 가진 한국의 제조업이 이 지역에서 접목할 비즈니스 기회가 그만큼 많아졌다는 뜻이다. 오만과 비즈니스를 하면서 행여 어려움이 생길 때 최고의 손님으로 대접받았던 낙타고기를 떠올리면서 대화를 풀어가면 어떨까?

이번 주 서울에서 개최되는 G20 비즈니스 서밋에 알 샨파리 부회장을 포함해 전 세계의 기업인들이 참석할 예정이다. 오만에서 받은 극진한 환대를 한국을 찾은 귀한 손님들에게도 느끼게 해줄

수 있는 절호의 기회다. 귀빈 접대에 어떤 음식이 좋을까? 한정식
이 좋을 듯하다. 드라마 대장금을 통해 외국인들에게도 이미 잘 알
려진 임금님이 드셨던 궁중음식이 떠오른다. 최고의 우리 음식을
정성껏 대접해 상대방이 고마워한다면 한식 세계화에 한몫하는 덤
까지 얻을 수 있지 않을까 생각해본다.

"가을을 느껴 보세요"

가을이다. 예년보다 이른 추석이 지난 뒤에 남아 있던 늦더위가 며칠 사이에 물러간 것을 보니 자연의 변화 기운은 어쩔 수가 없나 보다. 시간의 흐름은 쉼 없는 연속이지만 이러한 변화 덕분에 삶의 지루함을 덜 수 있다. 계절의 변화뿐만 아니라 연(年), 월(月), 주(週) 같은 시간의 마디가 있어 타성에 젖은 생활에 쉼표를 찍고 새로운 출발을 시도할 수 있으니 얼마나 다행스러운 일인가.

음양오행에 따르면 쇠(金)가 가을에 속하고 만물의 기운을 수렴하는 상이라고 한다. 가을은 모든 생명이 겨울에 대비해 에너지를 비축하는 시기다. 식물은 씨앗의 형태로 모양을 바꾸고 겨울잠을 자는 동물은 잔뜩 먹어둔다. 여자는 봄을 타고 남자는 가을을 탄다는 말도 있지만 사실 가을은 우리 모두를 차분하게 만든다. 수확을 보면서 노고의 의미를 되새기고 낙엽을 보면서 겸손의 미덕을 배운다. 가을은 이렇게 우리를 성숙으로 이끈다.

그런데 너무 춥지도 덥지도 않은 가을에는 일도 많다. 일에 쫓기다 보면 높은 하늘과 산들바람, 색깔 고운 단풍을 누리기도 전에 가을이 떠나는 경우도 허다하다. 가을은 사색하기 좋은 계절이기도 하다. 가을을 핑계 삼아 일상에서 벗어나면 '낯설게 보기'도 가능하다. 익숙해서 당연한 것들을 새로운 시각으로 보는 데서 창의적 아이디어도 나온다.

가장 바쁜 기업가 중 한 사람이었을 빌 게이츠도 일 년에 한두 차례 일상 업무에서 벗어나 '생각 주간'을 가지면서 회사의 전략을 세우고 새로운 아이디어를 정리했다고 한다. 많은 작가와 영화감독도 책상에 앉아 있는 시간보다는 산책이나 사람들과의 대화에서 더 많은 영감을 얻는다고 한다.

이제 양으로 승부하는 시대가 아니고 질이 중요하며, 스피드의 시대라고 하지만 방향이 틀리면 소용이 없다. 무조건 오래 일하는 것, 앞만 보고 달리는 것보다는 잠시 멈춰 서서 지난 시간을 돌아보고 미래를 계획해볼 일이다. 굳이 긴 여행이 아니어도 좋다. 가을이 떠나기 전에 사랑하는 가족 · 연인 · 친구들과 함께 공원 산책이나 근교 나들이를 통해 가을을 느껴보면 어떨까.

기업과 조직에서도 가을을 느껴보는 기회를 가졌으면 한다. 바쁜 일상을 잠시 뒤로하고 자연을 느끼면서 여유를 갖는다면 새로운 도약을 위한 활력과 창의적 아이디어를 얻을 수 있을 것이다.

세계적인 자동차 기업 혼다의 창업자 혼다 소이치로는 말했다.

"속이 빈 대나무가 높이 자랄 수 있는 것은 마디가 있기 때문이다."

폭탄주와 애빌린 패러독스

물수건을 반으로 접어서 깐다. 그 위에 맥주잔과 소주잔을 가지런히 올린다. 소주잔 50% 정도를 소주로 채운다. 맥주잔에도 맥주를 마찬가지로 따른다. 소주잔을 맥주잔에 퐁당. 원자폭탄 버섯구름 같은 하얀 거품이 일어난다. 다같이 원샷.

연말 송년회에 으레 등장하는 폭탄주. 그 시작은 1900년대 미국 탄광과 부두, 제철공장 등에서 일하던 노동자들이 맥주에 위스키를 섞어 마신 것부터라고 한다. '온몸을 취기로 끓게 하기 위한 술'이라는 뜻으로 딩시엔 '보일러 메이커(boiler maker)'라 불렸다. 우리나라에는 1980년대 정치·법조·언론계 인사들이 많이 만들어 마시기 시작했다가 지금은 전 국민이 사랑하는 음주문화로 자리잡게 됐다.

폭탄주라는 게 참 묘하다. 낯선 만남에도 대여섯 잔 정도 들이켜면 대화가 술술 풀린다. 소주나 양주를 맥주에다 씻어 먹는 격이니 '목넘김'도 부드럽다. 싼 값으로 술 기운을 빨리 느끼니 경제적이기까지 하다.

그러나 참석자들 간 은근히 기싸움이 시작되면 폭음의 주원인이 되기도 한다. 애주가든 아니든 모두가 똑같이 나누어 마셔야 하기 때문에 폭탄주 회식은 때로 공포가 되기도 한다. 다음 날 아침이면 모두가 후회막급이다. "너 때문이야!"라는 원성이 절로 터져나온다.

폭탄주, 꼭 마셔야 할까? 이런 상황에 대해 미국 경영학자 하비는 재미있는 경험담을 소개했다.

어느 일요일 오후 미국 텍사스주 콜맨시. 하비의 가족은 도미노 게임을 하고 있었다. 갑자기 장인이 "우리 스테이크 잘하는 애빌린 시에 가서 저녁 먹을까?"라고 제안했다. 아내는 "괜찮은 생각"이라 했고, 하비도 80㎞를 운전해 가려면 힘들겠지만 일단 "장모님 가시면"이라고 동감을 표시했다. 장모 역시 "애빌린에 가본 지 꽤 오래됐는데 잘 됐네"라고 했다.

40도의 여름날, 16년 된 고물차 안은 너무 더웠다. 길은 얼마나 험한지 가는 내내 먼지에 콜록거려야 했다. 기대했던 스테이크도 그저 그랬다. 지칠대로 지쳐 다시 집에 돌아오고 나니 어두컴컴한 밤. 장모는 "집에 있고 싶었는데 애빌린에 가자고 난리를 치는 바람에 어쩔 수 없이 따라나섰다"고 투덜거렸다. 하비는 "나도 다른 사람들이 원해서"라 말했고, 아내도 "이렇게 더운 날 밖에 나가는 것 자체가 미친 짓"이라며 분통을 터뜨렸다. 그러자 장인이 입을 열었다. "난 너희들이 지루해 하는 것 같아 그냥 말 꺼내본 것"이라고. 결국 아무도 원하지 않았는데 모두가 애빌린에 다녀온 셈이다. 유명한 '애빌린의 역설(Abilene Paradox)'이다.

누군가 깃발을 들면 분위기에 휩쓸리기 쉽다. 그러나 필요할 때 "No"라고 외치는 용기도 필요하다. 그렇더라도 폭탄주 한두 잔 정도, 최소한의 잔 부딪힘 정도의 자기 희생은 해야 할 것으로 보인다. 시쳇말로 '왕따'가 되지 않으려면 말이다. 아무튼 이래저래 살기 힘든 세상이다.

"아빠 힘내세요"

얼마 전 한 모임에서 우리나라 남편들이 아내에게 쫓겨나는 이유를 세대별로 구분해놓은 우스갯소리를 들은 적이 있다. 이유인즉슨 30대는 밥 세끼 잘 챙겨먹고 간식을 달라 해서고, 40대는 아침밥을 해달라고 해서라고 한다. 50대는 감히 '어디 가냐'고 묻다가, 60대는 '한번 따라가지'고 말했다가 그리 됐단다. 70대는 "당신, 아직도 안 죽었냐?"며…….

또 하나. 요즘 자녀를 명문대에 보내기 위해서는 3박자가 갖춰져야 한다고 한다. '할아버지의 경제력', '엄마의 정보력' 그리고 마지막이 '아빠의 무관심'이란다.

물론 누군가 웃자고 만든 이야기겠지만 한편으로는 우리 가장의 위치가 이렇게 추락했다는 사실을 우회적으로 엿보게 돼 대한민국 가장의 한사람으로서 마음 한켠의 씁쓸함을 지울 수 없었다.

시간을 거슬러 올라가보자. 헛기침 한번에 가족들을 바짝 긴장시킨 이들이 우리의 아버지였다. 아랫목 이불 속에 꼭꼭 숨겨져 있던 따뜻한 밥 한그릇의 주인공 역시 대한민국 아버지였다. 그런 그들이 시쳇말로 가정에서 '왕따'를 당하고 있다.

사실 이들이 누구인가. 지난 1960년대 서독의 1000미터 막장에 들어가 "어찌 이리도 억척스럽게 일하냐"며 현지인들의 혀를 내두르게 했던 사람들이다.

1970년대에는 열사의 땅으로 뛰어들어 오일쇼크 속에서 중동특수를 이끌어낸 이들이다. 이때 벌어들인 수십억 달러는 '한강의 기적'을 일으키는 토대가 되기도 했다.

1970~90년대 수출주도형 공업화 전략이 시작되면서 야근은 물론 휴일까지 반납했고 산업역군이라는 자부심 하나만으로 직장에 청춘을 바치는 이들이 늘어났다. 자식들 앞에서는 "공부 열심히 하라"는 무뚝뚝한 한마디를 남기며 말이다.

그들의 거친 손과 열정 덕분에 우리 경제는 매년 7~8%의 고도성장을 이뤄내 단기간에 선진국 문턱까지 쫓아갈 수 있었다. 뿐만 아니라 세계 최고 수준의 반도체 · 자동차 · 선박 · 가전제품을 만드는 나라가 됐다. IMF 외환위기, 미국발 금융위기, 유럽발 재정위기를 거치면서도 '세계 10위권 경제대국'이라는 명함은 꿋꿋하게 지켜왔다.

이제는 고속성장의 주역임에도 '가시고기' 같은 삶을 마다하지 않았던 우리시대 아버지들이 어깨를 당당히 펴고 "아빠 힘내세요"라는 응원가를 들어야 할 때가 아닌가 싶다. 앞으로 '아내가 남편을 찾는 이유'를 정리한 우스갯소리도 돌아다니길 기대해본다.

휴대폰 없는 하루

"Watson, come here, I want you."

지난 1876년 스코틀랜드 과학자 알렉산더 그레이엄 벨이 전화기를 발명할 당시 옆방에 있는 조수 왓슨에게 세계 최초로 전화기에 대고 한 말이다. 멀리 떨어진 사람들과 교류하기를 원했던 인간의 욕구로 마침내 최초의 전화기가 탄생한 것이다.

그로부터 130여 년이 지난 지금 이제 전화기는 단순한 음성통화의 도구만이 아니다. 언제든 사람들과 연락을 취할 수 있는 것은 물론 인터넷 검색도 할 수 있고 옛날 공상과학 영화에서나 볼 법한 증강현실(增强現實)도 경험할 수 있다.

우리나라의 경우 인구 대비 휴대폰 가입자 수가 100.4%에 이른다고 하니 바야흐로 우리는 모바일 시대에 살고 있다.

그러나 요즘 휴대폰을 사용하는 사람들이 그런 편리함을 '이용할 수 있는' 게 아니라 '이용해야만 하는 것' 같은 불안과 압박감을 느끼는 것을 종종 본다.

몇 해 전 한 대학병원에서 실시한 조사에 따르면 전체 응답자의

3분의1이 휴대폰이 없을 때 불안감을 느끼고, 60%는 벨이 오랫동안 울리지 않고 있을 때 문자 메시지나 통화가 와 있을 것으로 착각해본 경험이 있다고 한다.

최근 스마트폰의 등장은 또 다른 차원의 스트레스와 불안을 주고 있다. 첨단기술에 뒤처지는 것이 두렵고 잘 사용하는 사람들과 비교하면서 정신적으로 불안정해진다는 것이다. 이러한 증상을 미국 심리학자 크레이그 브로드는 '테크노스트레스 증후군'이라고 이름 붙었다.

실제로 요즘 회사에서 스마트폰을 지급받거나 유행을 따라 최첨단 스마트폰을 장만한 사람들 가운데 이를 어떻게 사용할지 몰라 초조해하고 답답해하는 사람들이 많다고 한다. 이런 사람들을 위한 '스마트폰 사용법 강좌'도 있다고 하니 이 때문에 스트레스를 받는 사람들이 한둘은 아닌 것 같다.

전문가들은 이러한 현상의 가장 큰 이유로 '외로움'과 '기술에 대한 지나친 집착'을 꼽는다. 최근 사회가 핵가족화·개인화되고 누군가에게 의존하려는 성향이 강해지면서 대인관계에 대한 불안감과 소외감이 커지고 새로운 기술과 제품의 의존도가 높아지면서 휴대폰 자체에 너무 큰 의미를 부여한다는 것이다.

빠르게 변화하는 새로운 정보기술(IT)을 잘 활용하지 못해 뒤처질까 불안해하는 것은 어찌 보면 당연할지도 모른다. 이럴 때일수록 활발하게 사회활동에 참여해 심적 안정감을 찾는 것이 중요하며 한걸음 물러나 긍정적으로 바라보는 여유 있는 자세 또한 필요하다.

　휴대폰이 아무리 스마트해지고 현대 사회인의 필수품이 됐지만 어디까지나 사람의 업무나 일상을 도와주는 도구일 뿐이다. 쫓아 가고 길들여지는 것이 아니라 즐기고 길들이는 대상이 돼야 한다. 자 그렇다면, 오늘 하루 휴대폰 없이 살아보는 것은 어떨까.

LPGA 김송희 선수에게

지난달 31일 LPGA투어 하나은행 챔피언십 마지막날 고개 숙인 김송희 선수의 뒷모습을 보았습니다. 줄곧 선두를 달리다 마지막 라운드에서의 연이은 실수로 우승컵을 단짝 친구에게 내주며 아쉬운 미소를 짓던 모습이 생각납니다. 먼저 골프팬의 한 사람으로서 김 선수에게 마음으로부터 위로와 격려를 보냅니다.

대회 다음 날 일간지 헤드라인은 '88번째 실패'라고 장식하더군요. 그러나 결코 좌절하지 않길 바랍니다. "사람이 성공하는 것은 실패하지 않았기 때문이 아니라 실패에 결코 굴하지 않았기 때문이다"는 말이 있습니다. 삼성전자 휴대폰은 '애니콜 신화'로 유명하지만 생산 초기였던 1990년대 중반 모든 임직원이 지켜보는 가운데 휴대폰 15만 대를 불태우는 화형식을 당한 적이 있습니다. 품질에 대한 소비자의 불만 때문이었죠. 만약 그때 삼성전자가 품질개선을 포기했더라면 애니콜 신화는 탄생할 수 없었겠죠. 김 선수 역시 좌절하지 말고 88번의 실패를 더 크고 영광스러운 우승컵의 밑거름으로 삼길 바랍니다.

달갑진 않겠지만 '만년 2위'라는 말에 기죽지 마세요. 세상은 어느 개그 프로그램의 유행어처럼 '1등만 기억하는 드러운 세상'이 아닙니다. 사실 LPGA와 같은 글로벌 경쟁 무대에서 2등을 하는 것만도 대단한 성적입니다. 비록 우승 타이틀이 없지만 김 선수의 아름다운 스윙은 골퍼들에게 선망의 대상이며 갤러리의 탄성을 자아내고 있습니다. 지금도 매우 훌륭하니 김 선수를 사랑하는 팬들을 위해 당당하고 자신감 넘치는 플레이를 보여주세요.

'무관의 여왕'이라는 꼬리표에 초조해 하지 마세요. 김 선수가 충분한 실력이 있음에도 우승하지 못한 이유는 경쟁을 즐기는 여유가 없었기 때문이 아닌가 합니다. 선박왕 헨리 카이저는 수많은 선박을 신속하게 만들어 미국의 2차 대전 승리에 크게 기여한 사람인데 그는 이렇게 말했다고 합니다.

"경쟁 속에서 즐거움을 발견하고 자신의 최고 역량을 발휘하는 데서 즐거움을 만끽하라."

경쟁과 실력 표현 그 자체를 즐기라는 말이죠. 우승에 대한 강박관념을 버리고 LPGA투어를 즐기고 최고의 샷을 선보이는 데서 기쁨을 찾는다면 그린자켓은 어느 순간 김 선수에게 다가오리라 믿습니다.

도전 또 도전하세요. 우리나라는 불과 50여 년 전만 해도 세계에서 가장 가난했습니다. 그러나 국민 모두가 포기하지 않고 노력한 결과 주요 20개국(G20) 정상회의를 성공적으로 개최하게 됐으며 세계 경제를 이끄는 리더로 부상하고 있습니다. 불가능을 기적으로 만든 대한국민의 뜨거운 피가 흐르는 김 선수도 부단히 노

력하고 도전한다면 머지않아 하늘을 향해 포효하는 승자가 될 것
입니다.

맞수와 함께 발전하길 바랍니다. '맞수기업열전'이란 책을 보면
맞수는 자신을 더욱 강하게 단련시키고 성장시켜주는 한없이 고마
운 존재라고 하죠. 세계 여자골프계를 호령하는 김 선수의 모습을
그려보면서, 모든 2등과 도전자들에게 희망을 주는 선수가 되었으
면 합니다.

흙이 주는 선물

올해가 시작된 지도 엊그제 같은데 벌써 연말이다. 이맘때면 크리스마스와 송년 분위기로 도시의 밤은 화려하고 들떠 있다.

이와 달리 시골 풍경은 비교적 조용하고 차분하다. 요즘 출장이 잦아 서울을 벗어날 일이 많은데 차 안에서 바라본 빈 들판과 낙엽 진 산은 황량하기까지 하다. 그나마 들녘에 쌓아 놓은 짚동에서 인기척이 느껴진다.

이처럼 겨울 한반도는 속살을 드러낸다. 어느 작가는 흙을 '지구의 살갗'이라고 했는데 겨울은 겉치레를 벗는 계절인 것 같다.

사실 우리의 삶은 흙에 참 많이 닿아 있다. 흙에서 나서 흙으로 돌아간다고 했고, 문명의 시작과 흥망도 이 흙과 관련돼 있다고 한다. 아쉽게도 우리 한반도의 땅은 거친 편이다. 토양 성분이 산성에 가까워 유기물이 적고 양분 저장이 잘 되지 않아 농사짓기에 썩 좋은 땅은 아니다. 봄이 되면 우리나라에 진달래가 유독 많이 핀다. 진달래는 영어로 '아젤리아(Azalea)'라고 하는데 이 말에 '척박하다'는 뜻이 숨어 있는 것이 우연일까.

그러나 우리는 이 거친 땅 위에서 삶을 이어왔고 이런 불리한 점을 극복하기 위해 늘 노력해왔던 것 같다. 그 옛날 어려웠던 시절 우리 부모님들은 한 마지기 남짓한 땅에서 억척스럽게 일해 자식을 키워냈고, 1960~70년대 독일로 간 광부들과 중동의 모래사막에서 건설노동자가 벌어들인 돈이 산업자본의 밑거름이 되었다.

조선산업을 일으킨 자리도 울산 미포만(灣)의 황량한 백사장이었고, 반도체 원료도 거친 흙에서 뽑아내 산업의 꽃으로 키워냈다. 1997년 외환위기로 모두가 힘든 시기를 보냈다. 그러나 이를 계기로 기업과 산업의 체질을 바꾸었고 2008년 글로벌 금융위기를 극복하는 힘이 되었다.

역사학자 토인비는 문명을 일으킨 자리는 안락한 환경이 아니라 대부분 가혹한 곳이었다고 했다. 중국 고대문명의 발원지도 강물의 흐름이 완만하고 토지가 비옥해 농사짓기에 좋은 양쯔강이 아니라 혹독한 추위로 겨울이면 강이 얼어붙어 배가 다닐 수 없는 황허 강변이었다.

이와 같이 고난과 역경은 안으로는 문세를 놀아보게 하고 밖으로는 생존에 대한 대책을 모색하게 하는 좋은 선물이다.

올 한 해 지나고 보니 참 많은 일들이 있었지만 좀 더 단단해지지 않았나 싶다. 물론 내년에도 녹록지 않을 것이다. 성장률, 수출, 고용 등의 경제지표가 올해보다 좋지 않을 것이라는 전망이 나오고 있다. 그러나 늘 그랬듯이 잘해나가리라 믿는다. 올 겨울을 나고 나면 내년 봄에도 어김없이 진달래가 필 것이다.

스티브 잡스의 유산

정보기술(IT)업계의 큰 별이 졌다.

스티브 잡스(Steve Jobs). 56년의 길지 않은 생애 동안 그가 세상에 남긴 족적은 컸다.

오랫동안 사람들의 기억과 마음에서 떠나지 않을 것이다. 그의 타계 이후 국내외 주요 언론들은 많은 지면과 시간을 할애해 그의 생애를 다뤘고 혹평이 쏟아졌던 신제품은 마지막 유작이라는 이유로 수요가 급증하고 있다고 한다.

사람들이 그에게 이토록 열광하는 이유가 무엇일까. 그는 혁신의 아이콘으로 평가받고 있다. 컴퓨터의 개념을 바꾼 제품인 애플Ⅱ, 본체와 모니터가 일체가 된 아이맥, 아이팟, 아이폰, 아이패드로 이어지는 혁신적인 제품들. 그러나 이것들은 보여지는 것에 불과하다. 그가 끊임없이 도전해 놀랄 만한 제품 혁신을 이룬 것은 맞지만 그것으로 그를 설명하기는 충분하지 않은 것 같다.

그를 가장 위대한 혁신가로 만들어줬던 원천의 힘은 무엇인가. 그는 기술 이전에 먼저 사람을 이해했다. 사람들을 위한 최고의 제품을 만들겠다는 생각, 그것이 무너지면 차라리 일을 그만두겠다는 고집.

아이패드2 제품발표 현장에서는 기술이 인문학과 결합해 인간을 위한 기술이 돼야 한다고 주장했다. 사람에 대한 이해는 제품 디자인의 단순화로 이어진다. 사람들이 쓰기 편한 제품을 만들기 위해서다. 본질적인 것은 단순하다는 사실을 그는 이미 꿰뚫고 있었던 것 같다.

또한 그는 삶이 무엇인지 우리에게 가르친다. 굴곡 많은 삶 가운데서도 절대 포기하지 않았다. 잡스가 기획한 애니메이션 '토이스토리'에서 자신이 실제로 날 수 있는 우주전사라고 착각해온 장난감 로봇 '버즈'는 자신의 실체를 깨닫고 좌절했으나 그럼에도 불구하고 자신의 몸에 장착된 로켓에 불을 붙여 날아오르기를 시도한다. 이는 잡스가 자기 자신과 다름없었던 애플사에서 쫓겨난 후 넥스트와 픽사를 인수해 새로운 도전에 나섰던 모습과 닮아 있다.

잡스의 가장 위대한 유산은 무엇이든 우직하게 갈망하면 그게 현실이 돼 세상을 바꿀 수 있다는 신념과 진정성이었다. 그의 스펙은 삼류였지만 신념과 진정성은 그를 일류로 만들어줬다.

측량할 수 없는 내면의 세계에 귀 기울이기보다 남들이 알아주는 일자리를 구하기 위해 스펙 쌓기에 여념이 없는 우리 젊은 세대들의 현실이 안타깝다.

드라마틱한 그의 삶은 이제 히스토리가 됐다. 그러나 그가 세상에 남긴 유산은 지금 세대와 후대들의 삶을 풍요롭게 할 것이다. 그의 죽음에 애도를 표한다.

한국
경제
톡톡톡
TALK
TALK
TALK

감사의 글

공직에 오래 있던 사람들은 일부를 제외하고는 책 내는 것을 꺼리는 편이다. 당연히 업무에 관련된 내용이 많아 재미없이 딱딱하고, 정치와 같은 외도에 관심을 갖지 않나 하는 오해도 있기 때문이다.

그럼에도 불구하고 본 책자를 내는 것은 30여 년에 걸친 공직생활과 경제단체에 근무하면서 나름대로 가져왔던 한국경제에 대한 소회를 정리해서 후배와 독자들에게 남길 필요가 있었기 때문이다.

먼저 오늘의 내가 있기까지 30년을 근무한 상공부, 산업자원부, 지식경제부의 동료, 선후배들에게 감사드리고 특히 지난 3년여간 몸담아온 대한상공회의소 간부와 직원들에게 감사드린다. 특히 많은 기고문의 작성과 자료수집에 노력을 아끼지 않은 대한상공회의소 조사본부와 홍보실 직원들에게 고마움을 전한다. 박동민 실장, 이종명 과장, 김문태 과장에게 고마움을 전하고 기고문을 잘 모아서 책으로 멋지게 탈바꿈시켜주신 소담출판사의 이태권 사장님에게 진심으로 감사드린다.

　가족에게도 감사의 말을 전한다. 연애기간 포함해서 38년간을 함께하면서 내조와 자녀 교육에 헌신한 아내 진숙과 미국 뉴욕 로펌에서 국제특허소송에 고생 많은 아들 원준, 작년 우리 가족이 된 뉴욕 호텔리어 며느리 지윤에게 사랑과 감사의 뜻을 전한다.

　마지막으로 다양한 기고문의 게재를 허락해주신 각 언론기관에 감사드리고 기고문의 방향과 내용에 격려와 관심을 보내주신 전국 상공회의소 회장님, 서울상공회의소 회장단과 상공회장님, 회원업체, 많은 기업인들에게 감사드린다.

2013년 3월

이 동 근

한국경제 톡톡톡

펴 낸 날 | 2013년 3월 28일 초판 1쇄
지 은 이 | 이동근
펴 낸 이 | 이태권
펴 낸 곳 | (주)태일소담
　　　　　서울시 성북구 성북동 178-2 (우)136-020
　　　　　전화 | 745-8566~7 팩스 | 747-3238
　　　　　e-mail | sodam@dreamsodam.co.kr
　　　　　등록번호 | 제2-42호(1979년 11월 14일)
　　　　　홈페이지 | www.dreamsodam.co.kr

ISBN 978-89-7381-558-6 03320